新國防叢書 3

非暴力
的理論與實踐

江蓋世⊙著

台灣國家和平安全研究協會

企・劃・出・版

新版説明

　　「非暴力的理論與實踐」和「非暴力的方法與實例」原爲1991年由前衛出版的「展現民力—非暴力的理論和實踐」的上下篇，分別由江蓋世先生和王康陸先生所著。

　　「展現民力—非暴力的理論和實踐」雖爲十年前之舊作，但卻是台灣較早引鑒Mr. Gene Sharp之「群衆性防衛」概念的重要著作，並且有系統地將「群衆性防衛」的理論和實踐方法作一個基本、具體的介紹。鑑於本會立會宗旨—提倡及研究在台灣實施非暴力群衆防衛，故本會決定重新出版該書，並依照理論和實踐方法分冊，製作成口袋書以方便攜帶閱讀，及利於宣傳推廣。

　　在此非常感謝江蓋世先生再次題序支持，

及王康陸先生遺孀王鄭美珠女士的代序同意出版。江蓋世先生和王康陸先生都是台灣民主運動史上留下見證的勇者，很榮幸地，本會可以與之交會，在生命的軌跡上，一起烙印、留下足跡。

如果您信仰民主；如果您相信萬物皆爲一體意識；如果您堅持以愛與非暴力的方式化解衝突，那麼對於傳統的權威領導、敵我意識及武裝防衛，「群衆性防衛」將會爲你帶來更賦創意的另類思考。

台灣國家和平安全研究協會

2001年6月1日

非暴力的理論與策略

　　非暴力不是軟弱的代名詞，而是一套堅強的反抗行動哲學。

　　有人誤認為，非暴力是如甘地這樣的聖人，才有辦法去實踐。事實上，普通人，甚至老弱婦孺，都可以採取非暴力行動，進行反抗。

　　也有人誤認為，非暴力只有在民主國家才行得通，遇到獨裁政權，一點也不管用。事實上，納粹鐵蹄下，或共黨鐵幕裡，許許多多的人民，就是以非暴力行動，來使獨裁者無法有效統治，甚至瓦解獨裁政權。

　　非暴力不是不得已的手段，而是反抗壓迫

的最佳選擇。它是一套贏的策略，使用時，所付出的社會成本較低。

1990年夏天，我在「台灣基金會」、「陳文成基金會」及一些海內外朋友的贊助之下，前往英國、印度、美國，作爲期半年的非暴力資料蒐集與撰寫，完成之後，在美國發行的「公論報」，提供了寶貴的版面，長期連載我的初稿。

1991年，王康陸博士與我，爲了推動台灣的非暴力運動，決定聯合執筆，把我們所寫有關非暴力的文章集結成冊，出版了一本書「展現民力──非暴力的理論與實踐」，此書分爲上下兩篇，我負責上篇，王康陸博士負責下篇。當年的十月二十日，這本書正式問世。就在那時，我與王康陸博士兩人也先後因「台獨案」而入獄。

有關本書的初稿，我要感謝前「世台會」會長，旅日台灣同鄉郭榮桔博士，他所主持的「玉山書坊」，贊助本書的出版。其次，我要感謝「小邱工作室」邱萬興先生和資深攝影記者謝

三泰先生，本書的初版與再版，他們提供了10年來台灣反對運動非常珍貴的歷史相片，使得本書能以特殊的風貌，呈現在讀者面前。

另外，我要感謝長期研究非暴力理論的林哲夫教授。他本人譯有《立陶宛的非暴力抗爭》、《拉脫維亞的非暴力抗爭》等書。林哲夫教授與我們有共同理念，他認為應該將非暴力理論大為推廣，故熱心出資出力，促成前衛出版社將《展現民力——非暴力的理論與實踐》的初版分成兩冊：《非暴力的理論與實踐》（江蓋世著），《非暴力的方法與實例》（王康陸著）再版出書。由於他的積極、熱忱與貢獻，使得此書能再度呈現您眼前，讓非暴力的影響得以更深遠！

最後，僅以本書向那些
曾在牢裡的，或牢外的個人或集體，
實踐非暴力行動的台灣人民致敬。

江蓋世　　1998年3月16日

VI □ 非暴力的理論與實踐

高俊明牧師序
愛與非暴力

　　我敬愛每一位「愛與非暴力」的人。

　　今年初，在美東夏令會時，聽到康陸兄說，他與蓋世兄要合著有關「非暴力」的一本書，我很高興。到目前爲止，我只看過那本書的目錄影印本。但，據我了解，康陸兄與蓋世兄都曾受過政治迫害，然而，他們都仍堅持著以「愛與非暴力」來建設新台灣的立場。

　　去年十二月，我與幾位牧師去探訪在監裡的黃華兄。黃華兄爲了使台灣成爲眞正民主的新國家，已被關四次，共達二十多年之久。但，那一次我們在監裡見他時，他一再地強調，要以「愛與非暴力」來建設「新國家」。

一九八〇年二月二十八日，林義雄律師的母親與雙胞愛女被殺害。那事對義雄兄夫婦是多麼大的打擊啊！但，數年後，義雄兄將聖法蘭西斯的祈禱文中摘錄下面數句，刻在母親的墓碑上：「在憎恨之處，播下愛。在傷痕之處，播下寬恕。在幽暗之處，播下光明。少求受安慰，但求安慰人。少求被了解，但求了解人。少求被愛，但求全心付出愛。」最近義雄兄著了「心的錘鍊」來淺談非武力抗爭。

火山爆炸是很壯觀，但，它會破壞許許多多的森林、建築與生命。

泉水的湧流是默默無聲的，但，它會形成溪流，養育動植物，甚至使人有力生存、奮鬥、美化環境，並建設公義、和平的新社會。

切望，我們能以「愛與非暴力」的行動來建設「新台灣」，使她成為比瑞士更美麗、更善良、更進步的國家來造福全人類。

一九九一年八月十日

目次

〔第一章〕

遭人誤解的非暴力

一般人，大都聽過「非暴力」這個名詞。

想到非暴力，也就想到那位瘦瘦乾乾，裸露上身，腰纏白布，拄著拐杖，領導印度獨立運動的甘地。

可是，環繞著甘地的頭上，有太多的神秘光輪。若不剝光甘地的神話色彩，我們就無法真正了解非暴力，而不了解非暴力的人，常常有下面這些誤解：

一、沒有甘地的領導，印度不可能獨立成功；

二、甘地的非暴力，碰到的是講民主的英國政府，才有成功的機會；

三、甘地的美國信徒金恩博士，碰到的是民主的美國政府，他的非暴力才有可能成功；

四、非暴力遇到獨裁政權的暴力，必然失敗；

五、非暴力是過時的產物，甘地拿來對抗大英帝國的法寶，不見得適用於解決核武時代國際間的衝突。

不要把甘地過度神化

一九四七年八月，印度宣佈獨立。當時，印度人民尊稱甘地為印度國父。

甘地死後，若以「印度甘地」來概括他的一生，這是太過簡單的墓誌銘。

其實，甘地的偉大，是在於他領導獨立運動過程中，把非暴力思想發揚光大，影響後世子孫。沒有甘地，印度就無法獨立，這是過度神化甘地所得的推論。

英國歷史學者茱蒂絲朗(Judith M.
Brown)就指出，印度能獨立，甘地雖然功不
可沒，但是，當時政治、經濟的時代背景，影
響卻更大。她說：

「其實，印度的民族主義運動，在甘地還
沒出道前，就有了，而且，即使沒有甘地，他
們還是會成功。印度脫離大英帝國而獨立，不
光靠甘地一人領導，更重要的是，有當時存在
的政治的、經濟的各種力量，而這些力量的產
生，是因為有那時的印度、英國、國際經濟體
系及國際政治權力平衡的背景因素。」●

她更進一步分析，英國為什麼不得不放棄印度，讓他們獨立：

「英國是越來越覺得，強力打壓風起雲湧的印度獨立運動，不但道德上站不住，而且須付出相當大的代價，實在得不償失。一九三〇代以降，直到二次大戰之後，整個世局的政治及經濟環境，使英國感到，與其派遣一批沒有信心的英國文武官員，繼續統治印度這塊殖民地，而常常寢食難安，不如就讓他們獨立，並加入大英國協，成為安安份份的貿易伙伴來得更好。畢竟，拿來跟十九世紀英國統治印度的時代相比，從中所得的工作機會、投資利益、貿易保護及戰略地位等諸多好處，已今非昔比了。」❷

甘地擁有高度的政治技巧，他善用非暴力，卸去印度人民的恐懼感，使其挺身反抗英國帝國主義，贏回了印度人民喪失已久的民族自尊。

同時代其他各國的民族解放運動領導者，他們用的是武裝鬥爭、暴力革命，甘地使用的

武器則是非暴力，這是他與眾不同之處，也是他偉大之處。

殘暴的英國紳士

一般批評非暴力的人常說：甘地的非暴力管用，是他運氣好，碰到的對手，是講民主的英國紳士，要是遇上了希特勒，豈不早被槍斃？那有機會去推展什麼非暴力？

又說：英國是老牌民主國家，重視法治，而非暴力的策略，就是影響輿情，因此，甘地的非暴力才能有效的影響英國的社會，最後迫使政府停止壓迫印度人民，而讓他們獨立。

可是，事實真的如此嗎？英國人講民主，他們就不會殘暴嗎？

如果你認為現代的英國是一個文明的國家，他們不會對手無寸鐵的反對者施以毒手，那就錯了。

讓我們看看近百年內，兩項英國人「文明」的記錄：

——一八九六年，為了鎮壓回教徒的叛亂，英國軍隊大開殺戒，光是歐姆德曼(Omdurman)一地，就屠殺了將近一萬名回教僧侶，這場屠殺事件的主謀者基徹能爾爵士(Lord Kitchener)，不但未遭譴責或審判，反而因平亂有功，受封為貴族。❸

——一九一九年，正當甘地領導印度人民，如火如荼的展開非暴力反抗運動時，英國軍隊卻在甲利安娃拉巴哈(Jalian Wala Bagh)一地，進行血腥屠殺。事件發生時，印度人民在那四面高牆的廣場上，舉行和平集會。英軍也沒事先示警，即逕行掃射，使現場慘如人間地獄。事後，根據「韓特委員會」(Hunter Commission)調查報告指出，當天死亡三百七十九人，受傷一千一百三十七人。❹

這下子我們該明白一點：

一般人觀念裡，甘地所反抗的英國，是文明的、民主的、講道理的紳士，但是，面對非

我族類的反抗者，他們也有不文明的、不民主的、不講道理的屠夫作風。

血淚交織的黑人民權運動

也許有的人以為，美國是一個講民主、講自由、講平等的國家，這是金恩領導的非暴力民權運動，之所以成功的主因。

可是，黑人爭取與白人平等權利的過程，是一串串血淚交織的歷史；他們被毆打、被逮捕、被刑求、被謀殺……，才爭取到今日的權利。

一、兩百年前的美國憲法說：「人人生而自由平等」，但等到了一八六三年，林肯總統才解放黑奴；再過約一百年，即一九六三年，美國國會才通過了「投票權利法案」，保障黑人的投票權。❺

一九五四年，美國最高法院判決，凡是公立學校實施種族隔離政策的，都是違憲的。以此類推，當時凡是有關的種族隔離措施，通通

012 □ 非暴力的理論與實踐

是違憲的。但是，被壓迫的黑人的金恩領導大規模的非暴力抗爭之前，美國白人依然是判例歸你判例，種族隔離歸我種族隔離。❻

　　若有人認為，金恩運用非暴力會成功，是因為美國社會，對金恩的非暴力思想，有基本共識。出身牧師的金恩，宣揚「愛你的敵人」（非暴力就是愛），這些是美國人民的基本價值，剛好特別容易打動人心，影響輿情。

　　這樣的推論似乎是：

　　「美國的土壤（社會共識），特別適合非暴力的種子萌芽茁長。」

　　勞勃塞利(Robert Seeley)則不以為然，他認為：

　　「（美國的）社會共識，對金恩領導的運動，並不情有獨鍾。今天，美國人為了紀念，而將他的生日訂為美國國訂紀念日。但是，過去，許多美國人把金恩看作是一個危險的激進份子；聯邦調查局更把金恩當成眼中釘

　　金恩並沒有得到廣大美國人民的支持，而且，直到今天，種族主義的陰影，依然殘存在

美國社會的各個角落。

使金恩運動成功的，是非暴力的力量，與持續不斷的抗爭，而不是因為金恩反映了社會既存的共識。」❼

可以推翻獨裁政權

十年前，若有人斷言：光用非暴力，推翻不了獨裁政權。十年後，他這句話，必須收回。

一九八九年，東歐民主浪潮，風起雲湧，成千上萬的東歐人民，手無寸鐵，卻勇敢的走上街頭，迫使共黨政權，一個個像骨牌一樣倒台。

捷克劇作家哈維爾，昔日捷共政權的階下囚，如今搖身而為捷克總統；團結工聯領袖華勒沙，曾是波共政權下的牢中客，現在已是波蘭民選總統。

若有人辯稱：時空不一樣，所以非暴力才管用。要是搬回十幾二十年前，共產政權嚴厲

控制下，非暴力行動者，不是被槍斃，就是送去勞改營，那有可能成功？

話說的是不錯。那時，的確是還沒有一個共產獨裁政權，被人民用非暴力的力量推翻過。

可是，若我們再追問：非暴力雖不能「成功的」推翻當時的共產政權，但有沒有效呢？

試舉一九六八年的捷克為例子。

一九六八年八月，以蘇聯為首的華沙公約共黨國家，五國聯軍，入侵捷克。據說，當時蘇聯當局曾誇口，四天之內，取下捷克，再扶持新的傀儡政權上台，以取代主張改革的杜布契克(Alexander Dubcek)政府。

雖然捷克軍隊裝備精良，訓練有素，可是杜布契克政府領導階層深知，以一國之軍，面對五國聯軍，必然不敵，而決定放棄武力抵抗。隨後杜布契克等領導人物遭到蘇聯秘密警察格別烏的綁架。❽

捷克領導人物被抓了之後，人民開始展開非暴力抗爭。雖然人民沒經過非暴力的訓練，

也沒事先準備，也沒有政府領導人物的正確指導。他們發射地下廣播網，他們發動罷工，他們進行怠工，而原來杜布契克的政府官員，又拒絕與蘇聯入侵者合作，使得後者無法扶持一個傀儡政權。

入侵者的軍隊遍佈全捷克，但在人民非暴力抵抗之下，蘇聯竟被迫跟被關在牢裡的改革派領導人物談判，最後，雙方簽訂了「莫斯科協議」(the Moscow Protocol)，蘇聯同意讓杜布契克重掌政權。

金夏普教授對這段歷史，有以下精彩的描述：

「領導者被抓了，國土完全被佔領了，而且軍隊尚未投入戰場——在這種最不該談判的情況下，捷克人民的非暴力抗爭，竟迫使蘇聯坐下來跟捷克領袖們談判(當時，杜布契克還關在牢裡)。」❾

雙方談判後，杜布契克政府前後維持了八個月之久！直到一九六九年四月，布拉格爆發了一場反蘇聯暴動，這下子可給了蘇聯入侵者

逮到了藉口，於是趁機把改革派的捷克領袖通通趕下台，再換上聽話的班子。

這時，蘇聯入侵者總算達成了征服捷克的任務了。

他們原先預估，若遭軍事抵抗，四天可攻佔捷克，但遇到了捷克人民的非暴力抵抗，竟拖延了八個月之久。非暴力還是有一定的功能的。

鐵蹄下的非暴力抗爭

——一九四〇年到一九四五年，丹麥人以非暴力反抗納粹德國，其中，一九四四年，他們在首都哥本哈根發動一場總罷工；

——一九四〇到一九四五年，荷蘭人以非暴力抵抗納粹佔領，其中，一九四一年、一九四三以及一九四四年，他們發動過三次大規模的罷工；

——一九五三年，東德六月抗暴風潮，當時，他們的婦女，就在真納(Jena)一地，以肉

身之軀，坐在蘇聯坦克前面，阻擋其前
進；

——一九五三年，蘇聯境內許多集中營的政治
犯(尤其是伏爾庫達(Vorkuda)一地)，舉
行罷工示威。後來，蘇聯囚犯在牢裡的待
遇，才得到大大的改善。

——一九五六年到一九五七年，匈牙利革命期
間，除了軍事對抗以外，人民運用總罷
工，或大規模的非暴力反抗活動，展現他
們的力量；

——波蘭人民，以人民的力量，迫使波蘭政權
走向民主化。❿

如果你認為，獨裁者只迷戀暴力，以為光
靠暴力，就可以使人民乖乖聽話，不敢反抗，
那你就錯了。

希特勒是獨裁者，但他卻深知，征服別
人，不能完全靠武力，還要使對方屈服，讓他
們接受，你們失敗了，我是你們的主人，不要
再反抗了。

從下面這段歷史文獻中，我們可以發現，當時的希特勒制訂納粹德國佔領東歐國家的政策，主要的目的是要屈服對方的反抗意識。他指出：

「我認為，如何統治被佔領區的人民，這當然是一個心理戰的問題。

統治者不能光靠武力來統治人民。不錯，武力是很重要的，可是，好比馴獸師在訓練野獸時，要讓牠們感受到，我是你們的主人。同樣的，我們對於佔領區的人民，也要使他們有同樣的心理感受。

我們一定要使他們清楚，我們就是勝利者……」⓫

所以，只要人民拒絕屈服，縱然兵臨城下，或大軍入境，統治者就達不到征服的目的。非暴力可說是，拒絕當順民的人，手中最好的武器。

前面我們說過的，人民面對暴力獨裁的統治者，揭竿起義，成功機會渺茫，但他們卻可以選擇非暴力為武器，來騷擾統治者，或癱瘓

統治者，而迫使統治者坐下來談判。

若從這個觀點來看，以非暴力來對付獨裁者，仍不失為有效的方法。

金夏普對這點，作了有力的註腳：

「這些例子顯示，人民展開非暴力抗爭時，並沒有充分的準備，充分的計劃，或事前的訓練。

但是，他們這種非暴力行動，仍然意義深遠，因為他們至少證明了一項常被忽視的事實：

在某一種特定的情況下，用非暴力行動來反抗獨裁政權，這是可行的；有時，人民甚至有辦法迫使對方讓步，而得到局部的勝利。」⓬

甘地碰到原子彈

甘地運用非暴力，對內解決內部問題，如印回衝突；對外抵抗英國，爭取獨立。

有人會問：甘地的非暴力，是一項有效的

武器，但那是半個世紀以前的武器，能適合今日的核武時代嗎？

當然，這個問題把它縮成最簡單的話，就是：你說非暴力好，可是碰到原子彈，還管用嗎？

甘地晚年時，就有人問他這個問題。

我們聽聽甘地如何巧妙的回答：

「我不會跑去躲起來。我會跑到空曠地，就讓那飛行員看到我，讓他知道，我對他沒有一點點惡感。當然，我知道他飛那麼高，不可能看到我們的臉。但是，我們內心的善意──保證他不會受我們傷害──必定直上雲霄，開啟他的雙眼。」⓭

的確，這問題問的絕，甘地也答的妙。甘地不是空思想家，也不是人道主義的笨蛋，當敵人準備投擲原子彈時，還信心十足的跑去曠野，叫九霄雲外的敵人了解他的善意。

他回答的重點應是，核戰未爆發前，我們就得想盡各種可能的和平方法，解決危機。

戴爾頓列羅伊在他的《非暴力心理學》一書

中，分析如下：

「其實，甘地大可機智的答道，我不會笨到原子彈飛到我的頭上來，才趕緊採取非暴力行動。

當然，衝突會大到爆發核武戰爭，一定是拖延到某一段期間，所以，愈快去處理衝突，愈能找到解決之道。」[14]

非暴力是過時的產物？

不對。它不但沒過時，而且愈來愈重要，不但替國內的反對者提供了有力的武器，以解決衝突，如：

——民事不服從，打擊統治者威信；

——罷工或經濟不合作，癱瘓統治者的經濟；

——文官拒紀服從上級，阻撓政府機器運轉；

——軍警人員抗命，削弱統治者鎮壓人民的能力。

非暴力在這「相互保證毀滅」的核武時代，也替國際間的衝突提供了解決的方法，如：

——貿易禁運；

——凍結他國資產；

——經濟抵制；

——取消經濟合作計劃；

——取消政治訪問；

——降低或中斷外交關係；

——國際仲裁；

——開除國際組織會籍。

非暴力的方法，種類繁多，在此只是列舉一些而已。

最後，我要強調的是：只要人類發明的武器愈精良，相互毀滅的程度愈高，那麼，非暴力將不會是過時的古董，而是追求和平的嶄新鑰匙。

主張非暴力無用論的人，或認為非暴力只有在特定時空環境的人，在此，我願意不厭其煩的再重述一遍，上面我們討論的重點：

——甘地的偉大，在於他生前的非暴力行動，奠正了日後非暴力的理論基礎；而若說「少了甘地，印度就獨立不成」，這是過度神化

的結論；

　　——非暴力碰到民主政治，較易成功，遇到獨裁政權，也有特定的功能；講民主的紳士，有殘酷的一面，搞獨裁的暴君，也懂得「光靠武力，不能使人民屈服」。

　　——非暴力沒有過時，反而日新月異；非暴力可用於國內紛爭，也可用於國際衝突。

〔第二章〕

非暴力的思想淵源

　　不了解非暴力的人，常懷疑道：「你說非
暴力就是打不還手，罵不還口，這豈不是太消
極了嗎？」

　　或者追問：「被鎮暴警察打得鮮血直流，
還要說『愛你的敵人』，這豈不是違反人類的本
性嗎？」

　　不錯，他們的問題問的一針見血；他們的
問題，代表一般人對非暴力的懷疑。

　　要解答這些問題，我們必須先探究，非暴
力的思想淵源是什麼？它的理論基礎在那兒？

甘地闡揚非暴力，有什麼特別的歷史背景？⋯⋯等。

這個章節，我們將分三部分來討論：

一、大衛梭羅(Henry David Thoreau)的「民事不服從」(Civilian Disobedience)主張；

二、托爾斯泰(Leo Tolstory)的「民事不服從」與「非暴力」思想；

三、甘地如何詮釋「非暴力」。

梭羅的民事不服從思想

　　民事不服從是什麼意思？它是指，如果你認為這是一項不義的法令，那麼，拒絕服從它的規定，但又願意承受隨之而來的懲罰。

　　相對的，軍事不服從(Military Disobedience)，也是拒絕服從你眼中認為不義的法令，但是，用的手段與前者不同，是用恐怖暗殺，或打游擊戰，或進行內戰……等等暴力行為。可是民事不服從者，唯一的手段，就是非暴力。

　　民事不服從的歷史，最早從何時開始？我們翻翻聖經，就可以找到許許多多善男信女，寧願為了神，自我犧牲，也不願意屈服世上的權威者。

　　希臘的哲學家蘇格拉底，一天到晚四處叫人要追求真理。有一天，雅典當局忍不住了，將他逮捕下獄，但開出一個條件，只要他閉起嘴巴，就放他一條生路。蘇格拉底最後的決定是：為了真理，寧可服毒自殺！他用自我犧

牲，來表達他對當局的民事不服從。

美國哲學家，也是《湖濱散記》的作者梭羅（1817～62），他反對美國的蓄奴制度，也反對美國發動戰爭，侵略墨西哥。

一八四二年，他開始拒絕向美國政府繳稅。他認為，繳稅給這個政府，等於幫助他們蓄奴，等於出錢讓他們去打一場不義的戰爭。

美國政府忍呀忍的，終於忍到一八四八年，才將梭羅送到牢裡去過了一夜。

但是這一夜的牢，他沒白坐。

一八七四年，他發表了一篇文章：「論民事不服從的義務」(On the Duty of Disobedience)。這篇文章，後來成為非暴力理論的經典之作。甘地師承梭羅的非暴力的民事不服從哲學，而後加以發揚加大；馬丁路德金恩則深受甘地影響，形成他在一九六〇年代，民權運動的基本理論基礎。

梭羅民事不服從的中心論點是：

「你可以遵守法律，但是，你要更盡心的去遵守正義。」❶

他的觀點推演下去，就是，當你的良心與政府所制訂的法律衝突時，寧可拋棄法律，遵守良心的指示，而不可昧著良心，屈服於不義的法律。

良心的位階高於法律的位階，就是民事不服從的中心思想。

如果你跑去一個空軍基地前示威，抗議他們在裡頭搞核子飛彈，如果你跑去南非大使館前示威，抗議他們的種族隔離政策，如果你跑去司法大廈前示威，抗議他們假借司法之名，整肅政治異己，那麼，警方勢必會圍起一道警戒線，阻止示威者闖入。

那條線，就代表人為的法律。線以外，任你聲嘶力竭的吶喊，線以內，不准你跨進一步，否則，當場逮捕。

一個實踐民事不服從的人，他的眼中，雖有那條警戒線，但他的心中卻沒有。他認為，發展核武是不義的；種族隔離，是不義的；迫害人權，是不義的。

這時，他只聽來自良心的呼喚，而不管人

為的法律，他否定了那條警戒線的權威，於是，當別人都站在線下呼喊時，他會踏出堅定的步伐，闖入禁區，而遭受逮捕，但不作任何抵抗。

民事不服從者，就是良心的反對者。他不是光說說而已，他要以身作則，他要自願受苦受難，來影響輿論，來喚醒社會大眾的良心，從而，間接的，改變那不義的法律或制度。

可是，為什麼故意觸犯法律，又要接受法律的制裁呢？因為，你要違反的，是那特定的法律，但並非全盤否定所有的法律。比方說，違法者必受責罰，這是整個社會賴以維繫的基本價值，你仍要遵守；你所反對的，只是那不義的法律而已。

這兒，讓我們看一段勞勃塞利的說明：

「民事不服從的目標之一，是去影響輿論，從而改變那不義的法律，或者是廢除那不義的政策。

民事不服從者通常跟對方很合作，任由你抓，任由你審，任由你關，因為，他們仍然肯

定，這套公司法程序是社會的基本價值。（甘地就常指示他的追隨者，在牢裡，就得當規規矩矩的受刑人。）

就這一層意義來說，民事不服從者，追求的是間接的改變。」❷

托爾斯泰的非暴力思想

梭羅叫人照良心行事，拒絕遵守惡法，發展他的「民事不服從」理論；俄國大文豪托爾斯泰，則從基督教「不可殺人」的基本原則，發展他的「非暴力思想」。

一個基督教家庭長大的孩子，從小到大，可能習慣了大人們教他們的耶穌訓示，如「愛你的敵人」、如「不可以眼還眼，以牙還牙」、如「假如有人打你的右臉，連左臉也讓他打吧！」、如「不可殺人」……等。但是，長大之後，為什麼要穿上軍服，手拿武器，殺死敵人呢？為什麼明明是殺戮，卻要冠上「愛國」的美麗名詞？

托爾斯泰幹過軍人，而且是個表現傑出的軍人。但後來他痛苦了，他後悔了，他不斷自我反省，為什麼要加入國家制度下這種殺人的行列？

他反省道：

「從小，大人就教我，耶穌基督是神，祂的話是神聖的，同時，又有人對我說，我也尊重國家制度，因為國家制度保護我的安全，才不會遭到壞人的攻擊。甚至有人強調，這些國家制度，也是神聖不可侵犯。……

有人要我去幹軍人，因為幹軍人的話，我就可以去殺壞人。他們又說，我所加入的軍隊，是宣揚基督博愛精神的；可是軍隊殺人的行為，明明是基督教義裡面嚴加禁止的啊。

從小到大，他們教我的，跟耶穌基督的話剛好相反：人若傷我，我就幹回去；人若侮辱我、侮辱我的家庭、侮辱我的國家，我一定讓他們不得好死。」❸

他批評軍隊道：

「我們都是兄弟，但國家卻付錢給人去殺

人，去學習殺人的技術，去製造武器炸彈，去建造要塞碉堡。」❹

托爾斯泰進而主張，一個人不應該入伍從軍，去幹集體殺人的勾當，而又自我美化為「愛國」；人應該遵守耶穌基督的話，不可殺人，也不可屈服於世間的法律，參與以暴制暴的行列。這種拒絕服從不義的法律，反對以暴制暴，就是非暴力的思想。

可是，個人何其渺小，國家何其強大，個人如何去抵抗國家的力量？違法抗命，遭到處罰時，該如何反抗呢？可不可以以暴制暴呢？

托爾斯泰呼籲人們，起來反抗不義的法律制度，但是，卻不要對實施不義的人暴力相向。他說：

「你我都知道，基督教的根本精神，就是叫我們去愛別人。『伸出你的臉，愛你的敵人』這一句話，最能表達這種愛的精神。……

『邪惡的人，不可去抵抗他』，這句話，實際上的意思是叫我們，『不可以用暴力來抵抗邪惡的人，以暴制暴的話，就違反了愛的精

神』。我看，再也沒有別人，像耶穌基督這樣，說得這麼直接了當，這麼清楚明白。」❺

托爾斯泰除了反躬自省，還自我實踐。他常常寫文章批評政府，批評教會，兩者都將他視爲異端，他仍不爲所懼。托爾斯泰是個伯爵，擁有廣大的財富；他更是一位飲譽全球的文學家，遠近的慕名造訪者，絡繹於途。

像這樣集權勢、名望、財富於一身的人，卻說出這樣發人深省的話：

「我們都是兄弟，但爲什麼每天早上，總是有一位兄弟，或一位姊妹，到我的房間來，替我把尿壺拿到外面倒掉呢？」❻

晚年，他不想再讓人來服侍，他要過一個簡單的農夫生活，自己工作，維持自己的生活。最後，他抛棄了一切財富，離家出走，而病倒在一間鄉下的火車站，與世長辭。

任何偉大的思想，光說不練，那是沒有用的。托爾斯泰的力行哲學，甘地最是推崇：

「托爾斯泰抛棄了財富，放棄了世俗的享樂，寧願過著鄉野農夫的日子。他宣揚自己的

主張，又能身體力行，這就是托爾斯泰偉大的地方。」❼

甘地發展成非暴力行動哲學

托爾斯泰這套「非暴力思想」，到了甘地手中，不再只像梭羅那樣，湖邊築屋，遺世獨立；也不像托爾斯泰，老來離家出走，尋求自我實踐。甘地把它發展成一套積極的、入世的、戰鬥的行動哲學，而運用到政治舞台上。

剛開始，甘地在南非領導當地印度人，起

來反抗英國的不合理待遇，那時，他把他們的運動稱作「消極抵抗」(Passive Resistance)。

消極抵抗？這個名詞，字面上的意思太軟弱。後來，甘地就懸賞，請大家集思廣義，替正在推行的運動取一個適切的名詞。後來，有人想出了一個印度名詞，甘地再三斟酌，而成爲「撒提阿格拉哈」(Satyagraha)。

這個字，是由兩個印度文「撒提阿」(Satya，眞理)與「格拉哈」(Agraha，堅持)合成，英文翻作「堅持眞理的力量」(Holding Fast to the Truth)。甘地曾解釋道：

「從此以後，我就把我們的運動，叫做『撒提阿格拉哈』，它的意思就是，一股來自眞理、愛與非暴力的力量。原來的『消極抵抗』，我就不再使用了。」❽

那麼，如何去推動「撒提阿格拉哈」的運動呢？甘地說：

「撒提阿格拉哈運動若要成功，須具備三個要件：

一、撒提阿格拉哈運動者，對於那些反對

他們的人，心中沒有絲毫仇恨；

二、運動訴求的主題，必須是真實而具體的；

三、撒提阿格拉哈運動者，必須忍受苦難，堅持到底。」❾

甘地創造這個名詞，主要目的是，替「非暴力」穿上印度的外衣，以爭取廣大印度人民的認同，其實，它的本質就是非暴力。

甘地討論非暴力時，特別強調，「強者的非暴力」與「弱者的非暴力」，兩者大不相同。他認為，後者是消極的、被動的、馴服的，明明懷恨在心，卻不敢抵抗，而又虛偽的自稱非暴力。

這不是真正的非暴力。甘地眼中，真正的非暴力，是強者的非暴力，也就是，積極、主動、戰鬥，它的力量來自愛，它勇於抵抗，但又不加害對方。

甘地指出，弱者的非暴力，其實就是懦弱。

一九二〇年，甘地還說過贊同暴力的話，

你相信嗎？

「假如在暴力與懦弱之間，只有唯一的選擇的話，我一定會建議你選擇暴力。」❿

甘地居然主張暴力？且慢，我們再聽他解釋：

「我寧可要印度人民，拿起武器，起來反抗，維護國家民族的尊嚴，也不願意看他們那樣懦弱無助的、眼睜睜的任國家民族遭受侮辱。」⓫

勇者與懦夫

在甘地眼中，懦弱膽怯，形同罪惡。因為他最反對人們拿非暴力來掩飾內心的懦弱。所以他主張，除了懦弱以外，別無選擇的話，他寧可人們訴諸暴力，反抗外侮。

但是，這兒我們要注意一點：甘地還提醒世人，這不是暴力與懦弱，魚與熊掌之間的選擇。他深信，反抗運動中，永遠有第三個選擇項，而且是高出其他兩項的，那就是——非暴

力。

甘地這個人，難能可貴的，是他懂得自我反省，坦誠相告。他雖斥責懦夫，卻承認自己從前就是一個怯懦的人：

「懦弱的人，不會永遠那麼懦弱。你絕不會知道的，我年輕的時候，是多麼膽怯懦弱，可是，我想你一定會同意，現在的我已不是一個懦夫了。如果很多人都像我這樣，那麼，我們整個國家民族，就能一改往日懦弱的形象了。」⓬

懦夫不配當勇者，除非他面臨打擊，心中不再膽怯。但是，勇者不一定要使用暴力；用暴力反抗的，稱不上勇者。我們再聽甘地進一步的說明：

「你不能拿非暴力來當作懦弱的藉口，因為非暴力是勇者的最高道德。

非暴力運動者，比那揮刀弄槍的人，須要更大的勇氣。懦夫的行為，與非暴力的精神，是完全相反的。」⓭

甘地一面批評懦夫，也一面斥責行使暴力

的人。用暴力來報仇，稱得上勇敢嗎？甘地的答案是否定的。他說：

「你一旦遭到打擊，挺身報復，這總比唉聲嘆氣，任人擺佈來得好。可是，原諒你的敵人，卻是更高明的作法。因為，一個想要報復的人，他的內心是脆弱的，他害怕遭到對方傷害，不管他所害怕的，是真的會發生，或僅是胡思亂想的。」❶❹

最後，我們再來看看這一段：甘地如何對那些推動印度獨立的撒提阿格拉哈運動者進行心理建設；如何把「非暴力」的精神武裝提昇到「面帶微笑，從容赴義」的道德境界。他說：

「一個撒提阿格拉哈運動者，他必須隨時面帶微笑，接受死亡的挑戰；他不向對方報復，他也不懷恨在心。有些人誤解了撒提阿格拉哈，他們認為，那些撒提阿格拉哈運動者，只會乖乖的到牢裡報到，或任人挨打，除了如此，就沒別的辦法了。真是這樣的話，這種運動是沒法使印度獨立的。你們若要印度獨立，就必須學會這種寧可犧牲自我，而不殺害對方

的藝術。」⑮

　　我在這兒不厭其煩的引述甘地的話，並不是把甘地當作真理的化身，把甘地的話當成不可懷疑的信條。

　　甘地生於一八六九年十月二日，卒於一九四八年一月三十日。他雖被尊為印度國父，但在人類史上，更重要的是，他是最偉大的非暴力實行家。可是，以我們今日的眼光來看他，他有些想法與作法，似乎相當可笑，如——

　　——他三十七歲起立誓禁慾，從此禁絕肉體享受；

　　——他反對人工避孕；

　　——他反對工業化；

　　——印度發生天災地變，他解釋為神的懲罰。

超凡入聖的政客

　　甘地是生於維多利亞時代的人，他活著的時空背景，與我們不同，難免有上述這些似乎

044 □ 非暴力的理論與實踐

可笑的想法。但是，就闡述非暴力思想而言，他則是劃時代的人物。我們不能因他受限於時代環境背景，講了那些話，而抹煞其他的貢獻。

有人曾開甘地的玩笑，說他是一位「搞政治的聖人」；甘地則回敬一句道：「不，我是一位想要超凡入聖的政客。」

有人把甘地當成活神，有人把他當成宗教家，有人把他看作道德家，更有人尊他為聖雄，印度民族運動的化身。可是，論到非暴力，我們不得不說：他是一位洞察民心的政治策略家。他知道人民欠缺什麼，他更知道要給人民什麼。

甘地投身印度民族獨立運動時，發現了一項事實，這是印度之所以長期被英國統治的主因：印度人民不敢起來反抗英國。下焉者，心懷恐懼，而逆來順受，上焉者，走議會路線，走上法院打官司路線，走到倫敦請願路線。雖有少數知識份子奔走呼籲，但廣大的人民存有恐懼感，他們不知道從何使力，去反抗英國，

他們喪失了民族的自信心。

甘地深知這項致命傷，因此，他以非暴力思想進行心理建設，他要改變印度人民原有的價值觀念。

首先，他告訴人民，不可懦弱，懦弱就是罪惡；寧可揭竿而起，也不可淪為無助的順民。

但是，印度人民那來強大的武器對付大英帝國的軍隊呢？

甘地再說，武裝抗暴，雖然勇敢，但是用非暴力抵抗的人，更勇敢；傳統的價值觀念上，以暴抗暴，可歌可泣，但甘地卻改變了這種觀念。以暴抗暴，不值得歌頌，因為他們的心，仍被恐懼盤佔，他們害怕受傷，害怕死亡，才拿起武器反抗。甘地強調，只有非暴力的反抗者，才是真正的勇敢，他不逃不躲，他不癱瘓無助，他堅強反抗，他視獄如家，視死如歸，他又心無怨恨，原諒敵人。

甘地的這番主張，替手無寸鐵的印度人民找到了方向，也找回了信心。甘地的大規模非

暴力示威運動，三番兩次迫使英國政府坐下來跟印度領袖們舉行面對面談判，這大大鼓舞了印度人民，原來，我們可以不用武器，也不必搖尾乞憐的請願，光靠非暴力，就可以產生迫使對方談判的力量。

甘地給印度人民這項非暴力的武器，又替它取了個本土化的名稱「撒提阿格拉哈」，從而使人民易於接受非暴力，運用非暴力，而產生一股他們喪失已久的力量。

雖然甘地曾自我解嘲為「政客」，但就宣揚非暴力，實踐非暴力這一點而言，我們不得不敬佩他的確是個高明的策略家──在那時的環境背景下，他教導人民，選擇了非暴力的英國統治者，面對甘地的非暴力羣衆運動的挑戰，再也不能像過去那樣有效的統治印度了。

甘地常說「神就是真理」，並以「真理的追尋者」自居。❶但他畢竟是人，他無法找到所有的答案。他承認自己是不夠完美，他提出的非暴力主張也不夠完美，但他絕不放棄繼續追尋，繼續嘗試。

甘地說：

「不管我的同胞接不接受我的建議，我都不會改變我的信念……有人批評，我是不夠完美的，我卻願意這種批評。」⑰

但是，他又強調，要去不斷的嘗試「非暴力」：

「一個撒提阿格拉哈的運動者，只要他有堅屹如山的非暴力信念，那麼，他就不必等到非暴力理論達到完美境界，才去找同志一起從事運動。」⑱

甘地的非暴力思想精華，並不在於他建立一套完美的理論，而在於他不斷追尋、不斷實踐的行動哲學。他曾說：

「非暴力是不能光靠嘴巴的，你必須去實踐它。」⑲

〔第三章〕

非暴力的基本原則

　　非暴力理論，不是一套抽象名詞的排列組合，它是一套實踐哲學——如何身體力行，以改變社會。

　　也就是說，除非你運用非暴力，展開實際的行動，否則，是無法展現力量的，也就無法改變現存的、不義的法律制度。

　　實踐非暴力，有什麼基本的原則？約有下列七點：

　　一、非暴力是愛，而不是恨；

　　二、非暴力是積極主動的，而不是消極被

動的；

　三、非暴力挑戰不義，而不傷害執行不義
的人；

　四、非暴力是自我受苦，而不殘害對方；

　五、非暴力著重於爭取廣大的第三者；

　六、非暴力是公開的，而不是秘密的；

　七、非暴力是無畏無懼的。

　以下，我們將逐項說明。

愛，而不是恨

　常言道：「君子報仇，三年不晚」；又說：
「不報此仇，誓不爲人」。

　報了仇以後，才算君子？不報仇的，就不
是人？

　在非暴力行動者眼裡，恨的力量，是短暫
的；而愛的力量，卻是長久的。你的恨，常因
仇人死掉，而消失了；但你的愛，卻不因你所
愛的人離去，而消逝。

　甘地雖是印度教徒，但他最能將基督教義

「愛你的敵人」運用到非暴力運動。他在南非從事非暴力抗爭時，曾遭英國史莫茲將軍(General J. C. Smuts)逮捕入獄。甘地是不是把史莫茲看成不共戴天的仇人？沒有，他還在牢裡親手爲史莫茲編織一雙草鞋，請獄方送給史莫茲。後來，史莫茲又把草鞋退還給甘地。史莫茲事後回憶道：「我不配穿這雙偉人所編織的鞋子。」

翻開聖經，我們可以讀到耶穌的「山上寶訓」。他說：「不要向欺負你們的人報復。假如有人打你的右臉，連左臉也讓他打吧！」(馬太5：39～40)他接著又說：「要愛你們的仇敵，並且爲那些迫害你們的人禱告。」(馬太5：44)

我們再聽一段，金恩怎樣用簡鍊而優美的語句，來闡述基督教愛的哲學：

「你無法用仇恨與殘酷，去治療心頭的恐懼，只有愛才能辦到。仇恨癱瘓了我們的生活，愛卻使我們得到舒解；仇恨使我們的生活混亂，愛卻使我們生活和諧；仇恨使我們暗無天日，愛卻使我們走向光明。」❶

也許有的人會不以爲然，而反問道：敵人在你的鼻子前揮舞拳頭，這套「愛你的敵人」哲學，還管用嗎？

一九六〇年代，美國黑人民權運動在金恩領導下，以非暴力爲運動的最高原則，積極在各地展開。

據所羅門及費雪門(Soloman & Fishman)兩位學者針對當時的民權運動所作的研究，有一段故事十分有意思，我現在將這個故事敍述如下：

有一天，黑人在美國首府華盛頓舉行一場民權示威。那時，有一個傢伙，他是「美國納粹黨」(American Nazi Party)的黨員，也來到現場。示威隊伍中，有一位學生擔任糾察，負責維持秩序。這個納粹黨員就走到那位學生面前，惡形惡狀，大聲咆哮，極盡侮辱之能事。是可忍，孰不可忍？那學生見狀，本想給對方一拳，但念頭一轉，爲了整個運動，一口氣吞下來。

那納粹黨員還是一直想找碴，可是，這學

生出乎預料的，竟改用笑臉攻勢，每當對方瞪過來，他就回報以微笑。結果，一來一往，對方也被搞得莫名其妙的笑起來。突然又想，不對，我怎麼也跟著笑呢？一時也不知該怎麼收

場，只好悻悻然離開現場。這學生也發現，他的同伴裡，也有不少人用這招微笑，把一些挑釁者搞得自討沒趣，悻然離去。❷

當對方辱你、罵你、打擊你，是希望你能以牙還牙，以眼還眼，以使他取得攻擊你的正當性，而能振振有詞道：「看！你還手，我不得不揍你！」

若是我們不理會對方的挑釁，還報以微笑，還以善意，還讓週遭的人都知道，我們並不恨對方。這下子，對方要攻擊你的正當性降低，也就是說，他無法取得合理的藉口來打擊你。

如果，我們再把這種人與個人間的關係，推到示威者與鎮暴警察間的關係，又是怎樣的情形？

要是你覺得，你實在無法「違背良心」，去愛那些全副武裝、殺氣騰騰的鎮暴警察，至少，你可學學一件事——拒絕恨他們。

愛你的敵人，這種宗教境界太高，但我們可以嘗試拒絕恨對方。

如果你不向對方丟石頭、汽油彈、或鐵棍木棒，大打出手，反而獻給他們鮮花、送他們飲料、在他們面前點上代表和平的小蠟燭、稱他們為「咱的兄弟」……這時，棍口槍口向著自己同胞的鎮暴警察，較可能降低對示威者的敵意，而統治者也較難貫徹他們鎮壓人民的意志，結果可能是，鎮暴警察不願鎮暴，或鎮暴不力，或甚至公然反叛。

示威者的善意，可以軟化鎮暴警察的鎮暴意志，這就是愛的力量。

積極主動

非暴力並不是消極的任人挨打，也不是被動的等待對方的攻擊。

非暴力是主動的挑戰，積極的抵抗。

非暴力行動者，主動權操之在我，甘地說：

「驍勇善戰的將軍，總是自己決定什麼時候進行戰鬥。在決定作戰的各種因素中，他掌

握著主動權，他絕不把主動權讓給對方。」❸

　　非暴力行動者，他們要主動的選擇時機、選擇訴求主題、選擇抗爭模式、選擇示威地點……甚至決定什麼人應該入獄、什麼人應該準備第二波的攻擊……等。他們不會等對方下了一步棋，才決定自己要走那一步。

　　例如，非暴力行動者不必等到統治者舉行選舉時才來進行動員、宣傳、對抗……等抗爭。而是，這方採取主動攻勢，展開抗爭，創造緊張局勢，而後迫使對方讓步，或舉行對等談判，或讓對方下台。

　　一九八六年，台灣反對派人士所發動的「五一九綠色行動」，要求解除長期的戒嚴，即是一例。發動這項運動的領導者鄭南榕，他不等到執政的國民黨所規範的選舉才進行抗爭，反而由這方決定什麼時間、什麼地點、什麼訴求、什麼抗爭模式，向統治者挑戰。

　　金恩曾說：

　　「真正的和平，不僅僅是沒有緊張的情勢，還必須是正義獲得了實現。」❹

表面平靜，並不是真正的和平。受壓迫者噤若寒蟬，更不是和平。只有實現了正義，才有真正的和平。

　　非暴力行動者不怕危機，不怕對抗，反而積極主動的，創造建設性的危機、建設性的對抗，以便迫使原本拒絕談判的統治者乖乖的坐下來談判，也使沈默的大眾聽到被壓迫者的聲音。

　　一九八○年波蘭團結工聯成立。一九八一年波共實施戒嚴，鎮壓團結工聯。團結工聯在往後漫長的九個歲月，經過一場場罷工，迫使波共進行一回合又一回合的談判，而後團結工聯竟能籌組政府，一九九○年工聯領袖華勒沙還當選民選總統。

　　這兒，我們再以金恩的話強調一次，積極的、主動的非暴力，它的重要性在於：

　　「我們採取直接行動的目的，是要創造一個危機四伏的情勢，迫使對方打開談判之門。」❺

挑戰不義，而不傷人

甘地一生活了六十九歲，總共被逮捕下獄十五次，其中，在南非六次，在印度九次。

甘地十五次入獄記錄中，有的是當日釋放，有的是朋友偷偷幫他繳罰金而出獄，有的是朋友替他交保，有的是被判勞役，有的是判刑六年，而後因開刀而出獄，有的是沒有審判、沒有判刑而無條件釋放，有的則是甘地絕食，絕得快奄奄一息而遭釋放……他的入獄記錄相當可觀，而出獄方式也各有不同。

可是，唯一相同的是，他每次被抓時，一定不作任何抵抗，乖乖的接受逮捕。

非暴力行動者雖然反對惡法，卻願意跟執法者合作；他抨擊制度，卻不攻擊維護制度的人；他對事不對人。

非暴力的動力來源就是愛。有這種信念的行動者，他不去摧毀，也不去傷害對方的身體，反過來，他要得到對方的諒解，爭取對方的友誼。

舉例來說，堅守非暴力的人，縱然遭到鎮暴警察痛擊，他也不會棍棒相向，或以石頭、汽油彈回敬。如果對方落單，落入自己人手中，也絕不傷害對方的身體或侮辱對方。

　　有時，非暴力行動者不但不以牙還牙，以眼還眼，還主動的向對方表示自己的善意。

　　這怎麼做得到？那麼，請看下面一則報導，看印度的撒提阿格拉哈運動者在孟買街頭，與鎮暴警察兩軍對陣時，他們如何向警察表達善意：

　　「坐在街頭示威的，大約有三萬名左右的群眾，男女老少都有。警察則面對他們，也坐了下來，時間一小時一小時的過去了。但雙方都各不讓步。沒多久，天色漸暗，也下起雨來了。那些旁觀的民眾看到這情形，就自動組織起來，分頭去找來食物、飲水及氈子，然後送給示威者。這些撒提阿格拉哈運動者收到了補給品之後，不但不留給自己用，反而把東西傳給擋在他們面前的警察，藉此表達他們的善意……」❻

自我受苦

非暴力運動者爲了改變現狀，他把自我受苦當作必須付出的代價。

自由不可能由天而降，權力也不可能由統治者賞賜給人民。沒有付出，那有收穫？

非暴力行動者在奮鬥的過程中，他不去傷害對方，而以自我受苦來影響輿情，或軟化對方的立場，或迫使對方改變政策，或使對方平起平坐，進行談判，或讓對方不得不同意我方的要求。自我受苦的方式，有忍受毆打、志願遭捕、樂意入獄、絕食、自焚、……等由肉體的疼痛、身體的囚禁，到自我犧牲生命，有各種不同的受苦程度。

例如，一九九〇年，台灣的國民黨統治當局以叛亂罪將反對派人士黃華逮捕入獄，而後判處十年有期徒刑。黃華曾三度入獄，坐過二十一年又四個月的牢。這次他又因主張台灣獨立，而面臨叛亂罪的審判。他獲判十年後，拒絕上訴。他以無辜入獄的自我受苦，來實踐非

暴力的原則。

　　再來，我們來介紹一位「愛爾蘭共和軍」
(Irish Republican Army IRA)的成員，鮑比
桑德斯的故事。

　　一九二一年，英國與愛爾蘭簽訂條約，南
愛爾蘭宣佈成為愛爾蘭共和國，而北愛爾則歸
英國統治。

　　「愛爾蘭共和軍」是北愛爾蘭的一支地下恐
怖組織，它要求英國的勢力退出北愛爾蘭，而
讓整個愛爾蘭成為一個獨立完整的共和國。

　　一九六九年，「愛爾蘭共和軍」分為兩支，
一支因長期的武裝暴力，仍未有效的把英國趕
出愛爾蘭，而主張放棄暴力路線，另一支則堅
持恐怖暴力路線。

　　鮑比桑德斯是一位很有才氣的北愛爾蘭青
年。他十八歲加入愛爾蘭共和軍，二十七歲獄
中絕食至死，短短的二十七年的生命，有九年
在牢裡渡過。他是位詩人、作家、吉他手、歌
手。一九八一年五月五日，歷經長達六十六天
的絕食，桑德斯終於替自己的生命圈下了句

點。死時，他是英國國會議員，更是轟動全球的新聞人物——曾經是暴力恐怖組織的成員，後來以非暴力的方式絕食至死。

桑德斯絕食至死

一九八一年初，一批被關在牢裡的愛爾蘭共和軍成員要求享有政治犯的待遇，爲柴契爾夫人政府斷然拒絕。他們便決定，絕食至死，向英國表示抗議，這批共和軍，帶頭的就是桑德斯。

當時，桑德斯向他的同志表示，如果我死了，絕食的行動，就應立即停止，但遭到同志們拒絕。五月五日，他熬了六十六天後，終於與世長辭。同時，有四位同志也繼續進行絕食。牢外的愛爾蘭共和軍領導階層不得不下達命令，要求他們停止絕食行動，以避免無謂的犧牲。可是，後繼者不爲所動，仍然一個個接力絕食至死，直到第十位絕食者死亡後，在天主教會與絕食者家屬雙管齊下的壓力下，才迫

使長達半年的絕食行動踩了煞車。

桑德斯等人要求政治犯的待遇，可是在柴契爾眼中，他們是暴力組織的恐怖份子，怎麼可能給予政治犯待遇？桑德斯在絕食中，被人推出來競選國會議員竟然獄中競選成功。堂堂的國會議員，揚言絕食至死，這給柴契爾夫人帶來很大的困擾。

湯姆威爾森(Tom Wilson)指出柴契爾夫人的困境：

「這次絕食行動，很明顯的告訴了我們，即使是被關在牢裡的人，只要意志堅強，把勇氣發揮到極致，也可以使英國政府──甚至世界各國的任何政府──陷入進退兩難的地步。如果政府讓步了，答應他們的要求，很難保證他們不會得寸進尺，再提出新的要求；如果政府拒絕了，就讓他們絕食至死，很可能會遭到違反人道的批評，而且，政治上的風暴也許會隨之而來。」❼

講到這兒，我們要討論一個問題：

非暴力是尊重生命，所以它反對使用暴

力，殘害任何人的生命。

但是，一旦自我受苦過了盡頭而付出生命，如愛爾蘭共和軍成員的接力絕食至死、如韓國大學生示威中跳樓自盡、如越南和尚當街引火自焚……這種否定了自己生命的行為，是非暴力嗎？

一九九〇年九月至十月間，將近一百多名印度學生為了當時的辛哈總理(V. P. Singh)，即將實施一項政府機關人事任用保障名額政策，竟然選擇了自焚方式，作為最嚴肅的抗議。這種大量的、自我毀滅的示威，是非暴力嗎？毀滅別人，是暴力；毀滅自己，為什麼不是呢？

也許，這一點是非暴力理論的缺陷，有待大家進一步探討。

爭取廣大的第三者

「化敵為友」——雖然是非暴力運動的最高境界，但卻是很難達到的目標。當你的統治者

視你爲「非我族類」，如南非白人政府看待黑人爲次等公民，那時，光是用愛來感化統治者是不夠的，還須要爭取社會上廣大的第三者。只要廣大的第三者站在你這邊，你才可以改變現存的權力關係，進而改變現有的制度。

一九五六年一月三十日，當金恩正在教堂講道時，突然接到消息：「你家被人丟了炸彈了。」金恩匆匆趕向蒙哥馬利(Montgomery)的住宅。幸好，只前院被炸，而金恩的妻兒都在後面，母子平安。這時，聽到消息趕來的黑人弟兄群集現場，有的手中拿棍拿棒，準備向白人討回公道。眼看一場流血衝突即將爆發，金恩卻要求他的黑人支持者「放下你們的武器」，甚至說「讓你們的白人弟兄知道，你們愛他們」，他的一席話，化解了一觸即發的暴動。

金恩的話，也許感動不了投擲炸彈的兇手，也許感動不了視黑人爲「非我族類」的三K黨，但他卻了解，黑人在美國總人口的比率是少數，除了鼓舞黑人站出來奮鬥以外，他還要

爭取廣大的第三者——即他口中的「白人弟兄」，唯有爭取到白人的支持，黑人才有可能影響政府的權力運作，而制訂民權法案。畢竟，強硬主張「種族隔離政策」的白人仍是少數，還有廣大的、漠不關心的、或沒有意識到種族問題的白人，這些才是黑人民權運動者所要積極爭取的目標。

爭取第三者的支持，為什麼要走非暴力路線？

殖民地的民族武裝鬥爭也可以喚醒民族意識，爭取廣大民眾的支持啊，跟統治者進行游擊戰，也可能得到民眾暗中的支持啊，為什麼一定要非暴力呢？

我想引用《結合在一起：女權主義與非暴力》這本書內的一段話，作為上面問題的答案：

「暴力鬥爭和游擊戰，拿來跟非暴力鬥爭比較，兩者的目標可能一樣，都是來解放人民，但是暴力鬥爭的方法，卻沒法使廣大的人民參加戰鬥的行列，例如老弱婦孺就不適合參

加武裝戰鬥。就因爲他們沒法參加戰鬥的行列，他們也就沒法參與決策。一旦革命成功了，雖是打著人民的旗號，實際上人民根本管也管不了。」❽

非暴力是要爭取第三者的支持，而且，除了爭取他們的支持之外，更要積極的請他們參與非暴力行動的行列，分享決策權，共同決定我們要改變的社會是怎樣的社會。這樣的權力關係改變過程，也較符合民主程序。

公開的，而不是秘密的

暴力組織搞秘密行動，但非暴力組織卻強調公開原則。

金夏普教授解釋何謂非暴力的公開原則：

「非暴力行動的公開原則，意思是說，這個組織公開的進行他們的行動：

——領導者的姓名及行動，完全公諸於眾，讓大眾及反對他們的人知道；

——當面的抗議書，必須有抗議者個人或

該團體的簽名；

——任何抗議示威，必須公開進行，不可以有詐欺或留一手的手段。

——抗議示威進行之前，事先通知對方或警察機關。

通常是用書面方式，告訴他們，我們要舉行抗議示威的日期，地點、時間、參與者的姓名及採取行動的方式。」❾

抗議示威，兩方對陣，為何要完全掀開底牌，讓對方摸清呢？

請聽甘地的解釋。他說：

「自由人，是不會參加秘密運動的。」❿

又說：

「搞秘密的、地下的行動，絕不可能變成廣大的群眾運動，或鼓舞成千上萬的人民參加你們的行列。

只有公開的向統治者挑戰，公開的展開行動，才能促使全民參與。……如果沒有公開的、非武裝的戰鬥，數以億萬的印度人民，是不可能覺醒的。」⓫

一九三〇年三月十二日，甘地領導印度人民，長途跋涉二百英哩，走了二十四天，到達丹地(Dandi)海邊，抓起一把鹽，公開的反對英國的「食鹽法」(The Salt Law)。該法規定，食鹽由政府專賣，人民不得私自製鹽。這段故事，就是史稱的「食鹽長征」。

甘地從各省挑選了七十八名追隨者，就在出發當天，在他自辦的報紙《少年印度》(Young India)上，把這些追隨者的姓名、年齡、基本資料，通通公佈出來。⓬

甘地這種公開的作法，難道不會讓參與者感到困擾嗎？例如，政府不是可以先對被公開的人施加壓力，迫使他們放棄參加嗎？

非暴力行動者就是以公開來面對政府的壓力，祛除參與者的恐懼。例如，當我們秘密行事，名單保密，他們的特務系統一旦揭發或破壞了我們的計劃，則運動較易受到打擊；可是，人員與計劃公開在陽光底下，習於地下暗察的特務也就無法發揮其作用了。因為，人人都不懼怕，又沒什麼秘密可言？特務的功能不

得不大打折扣。

另一方面，把人員計劃公諸於眾，可以使對方對你產生信任感，他們知道你準備怎麼做，你的領導者是誰，因此，他們較不會因懷疑、猜忌、或生怕破壞，而堅守原來強硬的立場，雙方也較容易擔起對話的橋樑，去解決彼此的衝突。

再者，開誠佈公比起神祕恐怖，來得更容易爭取廣大的第三者。廣大的第三者若同情我們，支持我們，那麼我們的力量將增強，我們與統治者的權力關係也會改變。

一八六六年，俄國革命份子企圖暗殺沙皇亞歷山大二世(Tsar Alexander II)，不料，這項暗殺行動卻使俄國的貧下工農舉行一項集會，表明同情沙皇、支持沙皇。革命份子的恐怖暗殺行動，不但沒使工農覺醒，反而使他們更對沙皇效忠。

一九○五年一月九日，加彭神父(Father Gapon)領導群眾，向沙皇冬宮廣場挺進，舉行非暴力的示威。加彭事先就把他的示威遊行

計劃向沙皇照會。可是，沙皇不但不理會人民的請求，還對手無寸鐵的人民進行血腥鎮壓。這就是俄國史上的「血腥星期日」(Bloody Sunday)。

這場血腥鎮壓，改變了革命者與沙皇的權力關係。廣大的工農開始覺醒，他們不再認為沙皇是仁慈的保護者，他們轉而向革命陣營投以同情，給予支持。當廣大的工農逐漸的不信任沙皇時，也就是沙皇步上敗亡的時候。

非暴力的公開原則使人民對行動者減少懷疑，祛除恐懼，從而產生信任感。當人民決定站在你這邊時，你才有力量去改變社會。

無畏無懼

非暴力是無畏無懼的。受壓迫者不敢站起來反抗，因為他們害怕遭到打擊。而非暴力則強調主動的承受打擊，從而祛除心中的恐懼。

印度獨立後的首任總理，也是甘地的繼承人尼赫魯(Jawaharlal Nehru)曾指出，英國

人統治印度的最大力量，是來自印度人民對英國的恐懼。

造成這種恐懼的來源很多，例如，印度人民害怕軍隊、害怕警察、害怕無所不在的特務、害怕當官的、害怕法律、害怕地主的代理人、害怕債主、害怕失業與挨餓……。⓭

尼赫魯說：

「面對這種無所不在的恐懼感，甘地以冷靜而堅定的口吻說：不要害怕！」⓮

尼赫魯又強調，非暴力的不合作運動，能夠使群眾：

「感到他們解放了，他們掙脫枷鎖了，他們自由了。曾經壓在他們頭上的恐懼感，已被拋諸腦後，他們挺直了腰桿，他們抬起了頭。」⓯

前面我們討論過，非暴力是公開的，是自願承受苦難的。非暴力運動者不會感到自己是卑賤的、次等的、無力的，他會充滿信心，會覺得自己是自由的，他們感受到集體向權威挑戰，他們內部會產生一股力量。

非暴力行動者碰到鎮暴警察或鎮暴坦克時，他們不會視之爲可怕的恐懼，拔腿就跑，反看作是必須承受的打擊，而微笑以對，迎上前去。這種無畏無懼的表現，才是眞正的勇敢。

　　傳統觀念上，常常歌頌戰場上衝鋒陷陣、殲滅敵人的軍人，稱他們爲英勇的戰士；常常歌頌「風蕭蕭兮易水寒」的刺客，稱他們爲謀殺暴君、爲民除害的英雄。這種以暴力消滅敵人的作法，被認爲是男子漢氣概，是英雄豪傑。

　　但是，傑羅姆法蘭克敎授 (Jerome Frank) 則不以爲然，他認爲，這種男子漢氣概就等於暴力殺敵的觀念，已被非暴力理論打破。他舉甘地領導的印度非暴力運動，及金恩領導的黑人民權運動爲例。兩者所處社會不同、傳統文化不同，但他們的非暴力運動，改變了社會上原來對「勇敢」的定義，法蘭克說：

　　「他們(非暴力行動者)很成功的建立起一套團體的價値標準，也就是，面臨死亡，仍勇於向前，而不訴諸暴力，這才是男子漢所表現

出來的最高勇氣。」❶

　　一個暴力抵抗者面臨打擊時，他能打就打，打不過就三十六計走為上策；但是，一個非暴力抵抗者面臨打擊時，他拒絕暴力抵抗，又自願承受苦難，如挨揍、被抓、被關，甚至死亡，但仍堅決的勇往直前。難怪甘地說：「實行非暴力的人，比使用暴力的人須要更大的勇氣。」❶

　　最後，讓我們再重述一遍上述七項原則：

　　非暴力是以愛止恨；非暴力是積極主動；非暴力是對事不對人；非暴力是自我犧牲；非暴力是要爭取第三者；非暴力是開誠佈公；非暴力是無畏無懼。

　　非暴力理論本身並沒有力量，唯有按照這些原則去身體力行，力量才會產生，才能改變社會，創造新秩序。

〔第四章〕

準備行動與維持紀律

有勇無謀，不足以成事。採取非暴力行動，事前一定要有充分的準備；

行動過程中，對行動者的最大挑戰，不是如何承受對方的殘酷鎮壓，而是鎮壓來臨時，怎樣維持嚴格的非暴力紀律。

這一章，我們就這兩部分加以分析討論。

各種準備工作

非暴力行動，就跟軍事行動一樣，準備愈

　充分，勝算就愈大；反過來，草率成軍，不教
而上陣，往往打不過訓練有素、嚴陣以待的對
手。

　　不管是百萬人大示威，或一小撮人的靜坐
抗議，或甚至只是一個人的孤軍奮鬥，事前的
計劃與準備，較能保證你可以達到預期的效
果。

　　如何搜集各種資訊、如何選擇適當的訴
求、如何決定行動的地點、如何訓練、如何組
織行動的隊伍、如何下達最後通牒……這些通
通需要計劃與準備。甘地就是個中高手，他尤

其重視非暴力行動的準備工作。

　　要是碰到突發狀況，例如我們的領袖突然遭到逮捕，為了表示抗議，要採取立即的反應，如大規模的示威，這怎麼有可能好好準備呢？

　　事實上，非暴力行動的領袖平日就應準備，一旦狀況發生，如自己遭到逮捕，就該有第二順位的幹部，接續非暴力運動的推展，甚至平日就準備好，一旦第一線領袖被捕，應該如何應付突發狀況。再者，平常的組訓工作，就該對突發狀況有事先的沙盤推演，才不至於遇事手足失措，主動權落入對方手中。

　　以下，我們逐項討論各項準備工作。

1.搜集資料

　　一九一七年，印度北部有個地方叫查姆帕蘭(Champaran)，當地盛產一種專門製造靛青染料的植物。當時，那些靛青佃農備受地主剝削與壓榨。有一天，一位佃農跑去找甘地，訴說他們的痛苦。甘地得知情形之後，便專程前往查姆帕蘭實際了解狀況。

甘地和他的工作同仁到了當地之後，並沒有立即帶領人民抗議示威，反而花相當長的時間，日復一日的訪談將近八千名佃農，並記錄下他們遭到地主剝削的情形。最後，他擁有了相當完整的資料，而事實也證明了，佃農確實遭到了嚴重的剝削。甘地這時才開始教導人民如何進行非暴力抗爭。

這個故事告訴我們，沒有搜集充分的資料，不要貿然從事非暴力行動。因為，非暴力是對付不義的，若是我們所訴求的目標含有不義的成分，如要求特權，或含有詐欺成分，如捏造對方的缺點，那麼，縱然你發動非暴力抗爭，一旦事實真相被抖出來，你的道德性降低，對手的正義面相對提高，這樣的話，你的抗爭行動較不易成功，也不符合非暴力「以正義對抗不義」的原則。

2.選擇具體而明確的訴求

非暴力的目的，並不是要消滅對方，而是要爭取平等談判地位，解決雙方的衝突。

如果你提出一個包山包海的訴求，結果很

可能是你高估自己的實力，因為對方根本就不可能接受。或者是，縱然對方在你的非暴力抗爭下，被迫坐下談判桌，但抽象的、包山包海的，如自由、民主、司法獨立……等訴求，不利於實際的談判。

非暴力行動者應衡量自己的實力，提出一項或幾項具體而明確的訴求，贏得勝利後，再提出其他的訴求，再贏得勝利……這樣以少積多，積少勝成大功；最好不要一下子就提出太多的訴求，這樣只會增強對手頑抗的意志，更難達到全面的勝利。

一九三〇年甘地領導「食鹽長征」，他的訴求很具體而明確——廢除「食鹽法」，讓印度人民人人都可以自由製鹽。他在海邊抓起了一把鹽之後，全國各地的人民羣起傚尤，也公然違法製鹽。英國當局不得不逮捕甘地。甘地遇捕，他的幹部則隨後跟進。英國當局愈抓愈多人，最後，大英帝國只好低下頭來，跟他的被統治者的領袖進行談判。

這一段歷史，主題雖是鹽，應是與獨立建

國無關的議題，但是這段「食鹽長征」，卻是印度獨立運動史上波瀾壯闊的一頁——成千上萬的印度人民被動員起來，集體反抗他們的殖民統治者。

推動美國民權運動的金恩，也曾檢討，訴求太多，焦點就會被模糊掉了。他說：

「我們過去所犯的嚴重錯誤，其中有一項，就是我們把力量太分散了。我們曾用盡心力去攻擊各種種族隔離政策，卻沒有挑選一項主要的議題，作有效的打擊。」❶

3.決定適當的地點

一般人的觀念，搞示威遊行，最好去大城市，尤其是鬧區，人多，場面大，效果才好。

其實，什麼地點最適當並沒有一定的原則，這要看你所處的情況，與你希望達到什麼效果，才來決定那裡才是最佳的非暴力行動地點。

前面，我們已提過甘地「食鹽長征」的例子，這兒，我們再作另一方面的分析。

甘地食鹽長征的目的地，是在印度西部孟

買灣(the Gulf of Bombay)的丹地(Dandi)海灘。甘地爲什麼要挑選這個名不見經傳的偏僻海灘？爲什麼不在大港口的海岸製造鹽呢？

一九三〇年三月十二日，甘地從阿美達巴德(Ahmedabad)出發，率領撒提阿格拉哈運動者徒步走了二十四天，四月五日終於抵達了丹地。他何苦要率衆長途跋涉兩百英哩，來這個地點呢？

讓我們聽聽金夏普教授的分析：

「甘地挑了孟買灣邊的丹地，這個地方知道的人不多，也沒什麼特別意義。值得一提的是，以這地點作目的地，可以使甘地與他的信徒們足足走了廿四天──也就是今日我們稱之爲「食鹽長征」──這段期間，他可引起衆人的興趣，而注意到他這項民事不服從的計劃。」❷

一九六〇年代，英國的著名哲學家羅素(Bertrand Russell)是個積極的反核份子。有一次，有人提議要在倫敦市中心區舉行一場大規模的反核靜坐示威。羅素則表示反對，他認

為，為了效果起見，與其在市中心區靜坐，不如去坐在飛彈發射基地前。他認為去飛彈基地那兒靜坐，有下列三項好處：

「一、去那兒進行民事不服從的靜坐，很容易得到社會上廣泛的支持；

二、雖然我們去坐那兒，政府也許嚥不下這口氣，可是一般的社會大眾還不致於對我們懷有敵意。

三、我們的行動，一般人看來還不像是顛覆的，或搞得像無政府政狀態的。即使是那些漠不關心政治的人，也不造成他們的不便。」❸

前面我們說過，非暴力的一項重要原則就是要去爭第三者的支持。因此，用這標準去衡量，當我們準備發動非暴力行動時，地點的好壞，就看是不是能引起廣泛的注意與支持，不一定要在大都會，如甘地挑了偏僻的丹地；也不一定要在市中心，如羅素屬意遠離市中心的飛彈基地。

4.訓練

一般人面臨打擊，他的反應可能有三種：逃、反擊、或癱瘓無力。

　　但是，非暴力行動者卻不逃、不反擊、也不會癱瘓無力。他不是天賦異稟，也不是奇人異類，他是必須經過訓練的。

　　歐美一些非暴力運動團體，如反核團體、女權團體、反戰團體、環保團體……等，經常會舉辦各式的非暴力講習班，訓練該團體成員面臨暴力打擊時，如何堅守非暴力的原則。例如，接受訓練的人在模擬的警民對峙狀況下，躺在地下，被人拖走，或在棍棒毆擊下，仍然面帶微笑，而不青筋暴露，拳腳齊上，以暴制暴。

　　也許有的人會懷疑，打不還手，罵不還口，還要「愛你的敵人」，這種聖人的境界，我們凡夫俗子怎麼學得來？

　　事實上，只要經過訓練，任何人，不論性別、膚色、種族、階級、宗教信仰、教育程度、體力……等，沒什麼不同，通通可以透過非暴力的訓練，學習到非暴力的技巧。非暴力

不是一套複雜難懂的理論，它是一種實踐哲學，只要你學習，你就能使用。

非暴力不是聖賢的專利品，它是一般人皆可得到的日用品。我們聽聽理查葛雷格(Richard Gregg)在他的《非暴力的力量》(The Power of Nonviolence)書中，特別指出這一點：

「一千年以前，只有非常少數的人，才能讀得懂或解得出幾何學難題。自從印刷術發明之後，再加上教育的普及，使得一般大眾都能看得懂，也能解得出幾何問題。

軍中的紀律訓練，就好像是另一種工具，透過它，普普通通的人也可以成為驍勇善戰的戰士。同樣的，甘地就是運用這種紀律訓練，把成千上萬的印度農民，他們並不是聖人，只是普通人，轉化成非暴力的抵抗者。」❹

「不教而上陣」，是非暴力行動最大的隱憂。想想，參與示威的人，是聽到消息趕來看熱鬧的烏合之眾，那麼，任憑領導者在隊伍中高喊「愛與非暴力」，群眾往往禁不起一點刺激

或對方的挑釁，而釀成暴力事件，不但破壞自己的非暴力原則，也提供了對方鎮壓有理的藉口。

因此，參加一場抗爭行動，若參與者接受非暴力訓練的人愈多，維持非暴力紀律的糾察愈訓練有素，那麼，暴力衝突的可能性就愈低。反之，則暴力收場的可能性愈高。

別把「愛與非暴力」當作口號。訓練出來的非暴力紀律才能保證我們的「愛與非暴力」。

5.組織

非暴力的組織型態，最好是由下而上的草根組織。因為草根組織，比精英組織較能有效動員羣眾，而組織的動員能力愈強，愈能展現抗爭的力量。

前面說過，我們並不要靠不世出的聖人來推行非暴力，普通人只要經過訓練與教育，就能當非暴力行動者。

一九八三年，「女權主義與非暴力研究團體」(Feminism and Noviolence Study Group)曾出了一本小册子，在册子裡面，就

強調上述的觀點：

「非暴力之所以有力量，靠的不是精英領袖，而是普普通通的人。只要他們有決心，有勇氣，就能追求自己的生活，建立自己想要的世界。」❺

非暴力的草根組織，可以動員一場百萬羣眾大會，也可以舉行爲數幾人的靜坐抗議。不論進行抗爭的人數多寡，平常的非暴力組織，最好以小組的型態運作。尤其在獨裁政權下，大規模組織或大型的公開集會，很容易遭到統治者破壞，小組織的靈活運動，更顯得重要。

理查葛雷格就建議，這種小組，人數最好不少於五人，不多於十二人，是較佳的型態。這樣的小組組織，有什麼好處呢？列舉如下：

──十二人以下的小組，有利於自由的、積極的、不間斷的討論；

──十二人以下的小組，成員容易產生強烈的歸屬感，並使小組成爲具有獨立作戰能力的單元；

──十二人以下的小組，可以避免內部分裂成

派系；

——十二人以下的小組，可以很方便的找到一
　　個房間或屋子開會；

——十二人以下的小組，可以避免租借或尋找
　　大型聚會場所的麻煩；

——十二人以下的小組，開會時可以避免引人
　　耳目，或遭到干擾。❻

通常軍隊以十二人一班為一基本作戰單
位，往上推則有連、營、團、軍等層級組織。
非暴力組織也是一樣，最好以小組為基本單
位，但也應作橫的連繫，而形成地方組織、地
區組織、全國組織，甚至跨國而為國際性組
織。

不過，兩者比較，又有不同，前者以暴力
作武器，後者以非暴力作武器；前者強調由上
而下的指揮，後者注重由下而上的參與。

6.下達最後通牒

非暴力行動者不搞秘密活動，不發動突
擊。

依照非暴力的公開原則，採取行動之前，

他會把行動的訴求、行動的方式、行動的地點，與行動的最後期限通知對方，如果對方仍不理不睬，或讓步的幅度不符合要求，那麼，非暴力行動將如期進行，這就是下達最後通牒。

一九三〇年三月十二日，甘地展開「食鹽長征」，要求廢止英國制訂的「食鹽法」。

這項行動之前，甘地曾寫了一封信給當時的英國總督歐文爵士(The British Viceroy Lord Irwin)，說若在三月十一日之前，歐文仍不想廢止這項不義的法律，那麼，他將率領群眾公然違反「食鹽法」。他又揚言，如果歐文一開始就把他逮捕，那麼——

「成千上萬的印度人民，在我被捕之後，將很有紀律的繼續前進。他們將公然的觸犯食鹽法，並樂於接受那項法律對他們的處罰。」❼

甘地又強調，他這項最後通牒並不是威脅歐文，他說：

「我這封信，絕不是要威脅你，而是身為

一個民事的抵抗者，他應盡的一項簡單而神聖的義務。」❽

甘地在這封信的結尾，這樣簽名道：

「我仍然是你誠摯的朋友。　甘地敬上」❾

非暴力行動者下達最後通牒，表明了他公開反抗的決心，而不是搞秘密的突擊行動；他表明了反對的是不義的制度，而不是執行制度的人，像甘地就對歐文說「我仍是你誠摯的朋友」。如果對方答應了要求，這表示最後通牒有效；如果對方不理不睬，這正可以給非暴力行動者名正言順的理由，對抗不義的法律制度。

一九五二年，南非反種族隔離政策的「非洲民族議會」(the African National Congress, ANC)，在發動一項「抗法運動」(Defiance Campaign)之前，也對南非白人政府下達一項最後通牒：

「……(非洲民族議會)代表大會一致決議，要求南非政府當局，在一九五二年二月二十九日以前，廢止上述各項種族隔離法律。如

果你們無法做到的話，非洲民族議會將訂於一九五二年四月六日當天，在各地舉行各種抗議示威及集會，當作我們抗法運動的第一步。」❿

最後通牒，有一個效果，那就是它宣示了戰鬥的時候快到了，從而鼓舞內部士氣，提昇為正義犧牲的精神。

讓我們聽聽阿曼卡特拉達(Ahmed Kathrada)，他在一九五二年抗法運動發動時，振奮人心的一段話：

「行動的時候到了！我們已經跟白人政府談得太久了。我們已經被壓迫了三百年了……

朋友們！三百年過去了，現在我要說的是，時候到了！我們將要跟白人談，用他們唯一能懂的語言來談，那就是：戰鬥的語言！」⓫

上一章曾提過，非暴力是積極主動的。下達最後通牒，就是積極主動的。我們不等待對方擺好陣勢，才來想如何破解，下達最後通牒，就是丟給對方一個難題，要麼談判，否則

就是面臨時非暴力的戰鬥。這樣子的話，主動權就操之在我。

不過，有一點必須注意，下達最後通牒，千萬不可高估自己。話講得太滿，實際上無力執行，最後通牒的效果將大打折扣。例如，你要發動一場示威，一開始就把話講得太滿，如全面罷工、全面罷市、全面罷稅、全面罷課，又如「百萬人大示威」，或「抱必死之決心」，可是，一旦對方對你不理又不睬，你根本就沒有準備展開那樣的示威，或場面冷冷清清，又草草收場，根本沒有破釜沈舟的決心，這種最後通牒，最好少下為妙。

因此，事前周密的準備、完整的訓練、強有力的組織等各種因素具備，才能使你下達的最後通牒發揮預期的效果。

非暴力的紀律

一個人使用非暴力，並不等於他擁有了一張成功的保證書，他必須付出相當的代價：

　㈠他可能經常挫敗，或短期內看不到成功的曙光；

　㈡他面臨各種損失，如經濟上的損失，或身體上的打擊，或喪失自由，甚至賠上生命。

　㈢他可能禁不住對方的打擊，而無法堅守非暴力原則，而以暴力相向，從而原來的正義訴求被暴力陰影蒙蔽而不彰。

　非暴力行動者講求紀律，因為，紀律愈嚴格，行動者愈能達到預期的效果。也就是說，

只有維持住紀律，非暴力才能展現它的力量。

拿破崙曾說過，打贏一場戰爭，相關的因素很多，但其中，紀律的因素佔了百分之七十五。**⓬**

非暴力抗爭，跟武裝戰爭一樣，也是強調紀律的。

雖然我們不必把甘地的言論，句句都作真理，但下面這段談話，我們卻不可不讀：

「如果你們不去學習鋼鐵般紀律的本質，那麼，光靠非暴力行動就想使四萬萬人民獲得自由，這是不可能的。非暴力的紀律，不是由外強加在一個人的身上，它是內在產生的自我約束。缺少必要的紀律，非暴力只是一項美麗的包裝而已。」**⓭**

非暴力行動者必須想盡辦法維持紀律，而不能存有僥倖的心理。

也許，你帶領的人有一些街頭非暴力抗爭的經驗，也許你碰到的對手很差勁，也許行伍中，剛好沒有人從中挑釁，也許你處的社會，人人都有宗教上或道德上的非暴力信

念……，但是，一旦上面某一項因素剛好並不是這樣，一場非暴力行動可能演變爲雙方棍棒齊飛，催淚彈與汽油彈你來我往的場面。

非暴力行動惡化爲流血暴動，將使原本高貴的訴求被模糊掉，如對方所壟斷的傳播媒體大肆報導警方遭到「暴民」攻擊後，人員傷亡多少，建築物及車輛損毀多少；再者，非暴力行動所要爭取的廣大第三者，更因暴力事件爆發，而對我們這邊望而卻步，不敢支持。

一九六四年七月十六日，美國紐約哈林區一位非執勤警察，持槍打死了一個黑人少年。

七月十八日，黑人「種族平等議會」(The Congress of Racial Equality)動員遍佈各大城市的分會，羣聚紐約，舉行一場示威，他們要求成立一個民間的調查委員會，調查警察的暴行，並且要求警察局長下台。

當天，約一百多名黑人首先聚在哈林警

察分局前，坐在馬路示威。警方數度想把示威者驅離馬路，但沒法成功，最後只好逮捕帶頭的領導者。這時，示威羣眾聽到領導者被捕，有的人還遭警察毆打。這下子，其餘的示威者再也按捺不住，便向警方丟磚頭、玻璃瓶，後來，空中飛來一枚汽油彈，掉在一輛警車上面。警方見狀，竟開槍還擊。於是，一場暴動便開始了，消息傳開，紐約各處的黑人區也爆發流血衝突，就這樣，持續到了第四晚，暴動才告結束。

事後檢討，如果「種族平等議會」的領導者沒有被捕，或者，留在現場的靜坐示威者堅持非暴力的紀律，那麼，可能不會引發這場蔓延四天的暴動。

不幸的是，暴動發生了；更不幸的，整個社會的焦點不再集中於警察開槍殺人的暴行，也不再關切怎樣成立民間調查委員會了。

維持紀律的方法

　　非暴力是一套簡單的行動哲學，它要求人遭到打擊時不暴力反擊，而依然微笑挺進；可是，它也是一項高難度的藝術，它要求行動領導者在面對打擊時，拿捏得住羣眾心理，而維持非暴力的紀律。

　　雖說它是一項高難度的藝術，但只要領導者與參與者彼此間溝通愈充分，參與者愈深入了解非暴力的原則與行動的計劃，指揮系統愈明確，那麼，就愈容易完成一項漂亮的非暴力行動。

　　維持非暴力紀律，有下面幾種方法，我們逐項的討論。

1.呼籲與聲明

　　非暴力行動的領袖或幹部，常在展開行動之前，或就在行動現場，以口頭呼籲或散發聲明稿，要求參與者維持非暴力紀律。

　　一九三三年五月八日，越南佛教徒為了宗教自由，發起一場示威，竟遭政府開槍射擊。

第二天，當時一位佛教領袖釋譚超(Thich Tan Chau)發表一封公開信，要求全越南的和尚、尼姑及佛教徒，「以秩序井然的、和平的、非暴力的方式，來保護我們不容侵犯的宗教。」**⓮**

甘地、金恩、或一九五二年南非「抗法運動」的領袖們，也都常常在行動之前，發表聲明、或發表演說，呼籲參與者必須遵守非暴力的原則。

可是，這種呼籲與聲明並不是最有效的方法，因為在沒有其他條件配合，如強有力的組織、有效的糾察隊伍、參與者充分了解領導者的決心……等，碰到對方暴力來襲，往往這邊就以牙還牙，以暴制暴了。

糟糕的是，有些領導者開始時高唱非暴力，但面對暴警壓境，竟情緒高張，而鼓動羣眾大幹一場。更糟的是，有的領導者在現場聲嘶力竭「非暴力！」，但一看苗頭不對，一場暴動即將爆發了，又擔心被捕，就中途開溜，把羣眾丟在現場，任他們跟軍警對抗。

因此可知，口頭的呼籲與聲明雖然是維持紀律的一種方法，但若沒有其他方法配合，效果並不太好。

2.行動準則與紀律規定

除了呼籲與聲明之外，要讓非暴力行動的參與者了解我們要做什麼，我們要遵守怎樣的規定，那麼，他們比較不會狀況不清，惶恐不安，或情緒高張，訴諸暴力。

把非暴力的行動準則與紀律規定，印在傳單上發給參與行動的人，也是一種維持非暴力紀律的有效方法。

據金夏普教授的研究，這樣的傳單，內容可包括如下各項：

一、簡明解釋我們的行動計劃是什麼；

二、非暴力的原則是什麼；

三、為什麼我們要採取非暴力；

四、遇到各種不同的狀況，我們應該採取什麼相處的措失。❶

這樣明確的準則與規定，一來可使每一個參與者事先「沙盤推演」，使他知道自己在這場

行動中應扮演怎樣的角色；再來，若有暴力衝突發生，糾察或幹部前往制止時，有所依循，才不會被那些想訴諸暴力的參與者反譏為「怕死」或「膽小」，而執行不力。

一九六二年，紐約市十二個和平組織共同印了一份傳單，供示威人士維持紀律之用。有部分內容如下：

「對那些反對我們的人，我們不但要去了解，並且要尊重他們，他們有權擁有自己的意見，也有權說出心裡想說的話。

我們的態度也應該是非暴力的，我們說話時，不要對人懷有敵意，如叫罵他人或人身攻擊。我們所唱的歌，我們所呼的口號，也必須符合非暴力精神。」❶

六〇年代，英國「反對核戰直接行動委員會」(The Committee for Direct Action Against Nuclear War)也曾印發類似的傳單，上面有如下的規定：

「千萬不要用言語或動作去挑釁他人，引起對方使用暴力還擊。只要態度不卑不亢，我

們的勝利，將早日來臨。

那些跟我們意見不同的人，如果他們罵你、嘲笑你，請你千萬不要叫罵回去。

有人對你惡言惡行，你最好保持沈默，並還他一個善意的微笑，然後繼續前進，不受阻擾。」[17]

像這類的行動準則與紀律規定，最好在採取行動之前，就透過組織的領導者及幹部，和可能被動員而來的參與者，有充分的研討的機會。參與者了解愈清楚，領導者就愈能貫徹非暴力的紀律。反過來說，印了琳琅滿目的準則與規定，行動發起時，才在現場散發，然後就擂鼓前進。這樣的作法，實際說來，能發揮的功效相當有限。

3.宣誓

非暴力行動者有時會要求參與者以口頭宣誓，或簽署誓言，表明願意遵守非暴力原則的決心，從而提高行動中團體的紀律。

印度獨立運動期間，領導者常常要求參與者宣誓，以維持非暴力的紀律。他們的誓詞可

分作兩種，一是對整個運動，宣誓者表明遵守非暴力的決心，另一是對某個特定示威行動的誓詞，宣誓者表明，願意遵守主辦團體所作的各種規定，並服從指揮者的命令。

不單印度如此，連歐美各種反戰團體、反核團體、女權團體、民權團體……等，也會要求參與者在加入行動之前簽署誓言，以保證嚴格遵守非暴力紀律。

前面提過的，紐約市十二個和平組織聯合印行的非暴力行動準則與紀律規定，裡面有關誓言的部分，很有參考價值，我把它抄在下面：

「除非主辦單位，或者是有關的代表人，通知我們，這次示威的計劃已經改變了，否則，每一次的示威，我們一定要依照原訂計劃進行。除非得到主辦單位明確的許可，否則，我們絕不搞計劃以外的行動。」⓲

但是，若有參與者覺得這次的示威指揮實在很差勁，或者，打心底就不願服從他的指揮，那該怎麼辦呢？讓我們繼續看下去，看看

他們如何規定：

「我們認爲，一場有紀律的示威行動，參與者與主辦者，兩者必須互相尊重，合作無間。（如果你覺得現場的指揮，他所下的命令非常愚蠢，那麼，你大可在示威之後，把這事拿出來，進行充分的檢討，而不可以在示威當時提出質疑。）

如果，你實在沒法接受指揮者所下達的命令，那麼，請你平靜的離開示威的隊伍。」⑲

一九六三年，美國黑人民權運動人士在阿拉巴馬州伯明翰(Birmingham, Alabama)舉行靜坐示威，抗議白人餐飲業實施種族隔離政策。主辦單位爲了這次的非暴力靜坐行動，特別印製一張誓言供參與者簽署。他們借用了聖經的「十誡」(the Ten Commandments)，要求宣誓者遵守十項規定。末尾，也要求宣誓者簽署，並留下電話、住址、最接近的親人姓名及其住址。

現在，我把十項規定全文抄錄於下，以供大家參考。

「我僅在此宣誓，願意把我整個人，全部獻給非暴力運動。

因此，我將恪遵下列十項戒律：

一、每天沈思默想耶穌基督的訓示；

二、永遠要記住非暴力運動的目標，不是在追求勝利，而是正義與和諧；

三、神就是愛，因此，我們所說明的、所走的，都要依照愛來行事；

四、每天向神禱告，祈求所有的人都能得到自由；

五、犧牲個人的慾念，好使人人都能得到自由解放；

六、對於朋友與敵人，同樣的彬彬有禮；

七、始終不渝的去服務世人；

八、手不使暴力，口不出惡言，心不存邪念；

九、努力維持自己的身心健康；

十、遵守運動方針，服從示威指揮。」[20]

4. 糾察

非暴力行動中，維持紀律最直接、最有效

的方法是，有一支訓練有素的糾察隊伍。

　　領導者的道德性呼籲，或傳單上的準則規定，或參與者的宣誓，這些雖然有一定的功能，但它們是抽象的，或唯心的，只有隨侍左右的糾察才是最具體有效的維持紀律工具。

　　當糾察的，不是隨便抓來，戴個糾察帽或臂章，就可以上陣服務的。糾察必須經過比一般參與者更嚴格的訓練，不但對非暴力原則能深入了解，更對這次行動的全盤計劃作過各種不同狀況的沙盤推演。

　　過去，美國的反越戰示威、英國的反核武示威，也都投下相當人數擔任糾察，維持紀律。❷

　　優秀的糾察不光是猛吹哨子，揮舞雙臂，叫大家「不要衝動，不要衝動！」而已，他還要以身作則，用堅定而冷靜的態度，排除各種騷擾，並不時面帶微笑，給參與者打氣，使他們袪除恐懼。

　　糾察常面臨一個最大的問題是：若有人存心搗蛋，或情緒激動，想找警察幹架，這時，

糾察該不該使用暴力制止他們？

依照非暴力理論，任何暴力都該禁止。因此，縱然對方的特務落入我們手中，也不可動以私刑。我們的建議是：迅速孤立衝突的現場，讓挑釁者的活動空間縮小；再來，要求示威隊伍按原訂計劃進行，不可中途改變；最後，可能的話，我們自己也擁有反蒐證能力，將挑釁者加以蒐證，待示威過後再來處理。

一般而言，非暴力行動的戰鬥性愈高，如硬闖飛彈基地禁區，以求被捕入獄，那麼糾察隊伍的能力就要愈強大；非暴力行動的戰鬥性愈低，如只是在街頭作「散步」式的遊行，行動的計劃以「沒有衝突、不要被捕」為原則，那麼，糾察的角色就不太重要。因為，對方可能對你不理不睬，或派些交通警察維持交通而已。

5. 狀況演習

非暴力行動的領導者，不但在採取行動之前，有紙上的沙盤推演，最好讓參與的幹部與糾察人員，歷練各種狀況演習。

軍警他們有鎮暴操，同樣的，非暴力行動者也應有「非暴力操」。如果我們根本沒法做到成千上萬的示威者事前有各種狀況演習，但至少，我們可以在各地分成各小組，進行小型的非暴力操。

　　這些非暴力操，可以在空曠地、或公園、或曬稻場，甚至家庭內的客廳內進行，規模可由小型的兩三人，模擬被軍警拖走，到大型的一、兩百人，扮演示威者與鎮暴軍警兩軍對峙的局面。

　　模擬的狀況演習如下：

　　㈠**人數多寡**：對峙雙方，隨人數多寡的變化，而有不同的戰術與方法；

　　㈡**陣式變化**：當對方正面攻擊，或側擊，或夾擊，或兩軍長時間對峙，我方應採的陣式如何；

　　㈢**震撼教育**：故意製造逼真的聲響或毆打、逮捕等效果；

　　㈣**蓄意挑釁**：扮演挑釁者，故意喊衝喊打，或丟石頭、汽水瓶、或模擬汽油彈，或揚

言縱火焚車、燒建築物……等。

㈤**領導者遭到逮捕**：當這種情況發生，考驗現場的示威組織如何快速產生新的領導者，或原來預定的領導者怎樣執行接下來的任務。

㈥**協調指揮**：當有人故意造謠，或從中策反，或示威由白天戰鬥到黑夜，原有的協調指揮系統應如何維持其既有的功能。

㈦**緩和情緒**：當對方極力挑釁，激起我方情緒，這時，我方如何以靜坐、帶動唱歌、呼口號、祈禱等各種方式，緩和示威者的情緒。

軍事訓練使平常的人穿上軍服，拿起槍，而勇敢的衝鋒陷陣，靠的不是什麼秘訣，就是訓練與演習，使軍人了解他所面臨的各種狀況，他應該採取什麼步驟。

同樣的，非暴力操可以增加參與示威的幹部了解各種狀況，知道各種應變措施，那麼，他就較能維持非暴力紀律，而執行既定的計劃。

6.停止或取消行動

當非暴力行動的領導者面臨暴動已經發

生，或暴動即將發生，他可能會當機立斷的停止行動，或取消即將舉行的行動。

一九二一年十一月，印度孟買爆發暴動；一九二二年初，喬利喬拉一地發生暴動。甘地衡量當時情況，便下令暫停獨立運動的示威行動。❷同樣的情形，也出現於一九三九年夏天。當時，甘地身邊的人，有的建議甘地發動一場大規模的非暴力戰鬥行動，但甘地拒絕了。他解釋了為什麼拒絕的原因：

「……當前情勢，暴力氣氛瀰漫……除非情勢大變，否則，現在要想發動非暴力的群眾運動，那是不可能的……

如果，我們現在以非暴力的名義發動一場群眾運動，那麼，它必然以暴動收場。絕大部分的暴力，可能是組織無法控制的，有的甚至以有組織的暴力衝突出現。

這樣子的話，將使國大黨信譽掃地，也會嚴重的損害國大黨領導的獨立運動，更會給成千上萬的家庭帶來毀滅。」❷

如果大多數參與者對非暴力還不了解，也

沒有充分的訓練計劃來訓練非暴力行動者，又缺少有效的糾察能力，同時又面臨四處暴動頻傳，這時，身為一個非暴力行動的領導者，除了立即踩煞車，取消原訂的行動外，別無其他的方法。

這時，他可能面臨內部激進派的挑戰，指責他為「膽小」、「怕死」，但是，非暴力行動的領導者應該沈得住氣，寧可遭內部同志的指責，也不願冒然的把羣眾「不教而上陣」。因此，「取消行動」就成了維持住非暴力紀律的最後防線。

非暴力，不該拿來當作美麗的口號。非暴力，必須靠我們努力去維持紀律。綜上所述，方法有六：

第一、呼籲與聲明，是用抽象的道德性或宗教性的方法，維持紀律；

第二、行動準備紀律規定，是用具體的條文印在傳單或小冊上，讓參與者知道該做什麼，不該做什麼；

第三、宣誓，由內而生的紀律約束；

第四、糾察隊伍，由外而來的紀律約束；

第五、狀況演習，事先模擬各種狀況，而建立起從容應變的信心。

第六、把行動停止或完全取消。

有關第六種方法，值得注意的是，領導者不能動輒喊停，喊久了，羣眾對領導者將會越來越沒有信心，而喪失信心的羣眾，是無法發動戰鬥性抗爭的。因此，發動之前，審慎評估；決定之後，積極準備，才能避免經常踩煞車的困境。

講到維持非暴力的紀律，有兩個問題我們單獨提出來，分別討論於後：

一、對方運用「挑釁者」，破壞我們的紀律，該怎麼辦？

二、破壞對方的財物，但並不傷害人，算不算非暴力？

如何應付挑釁

前面提過，非暴力行動者主要的目的是，

爭取廣大第三者的同情與支持。

統治者為了取得正當的鎮壓藉口，更為了使大眾對行動者產生反感，他們常常挑釁，以誘使這邊耐不住氣，而訴諸暴力。

甘地就說的很清楚：

「如果你訴諸暴力的話，就等於上了英國政府的圈套了。」❷❹

威廉羅勃米勒(William Robert Miller)也告訴了我們，沙皇時代，俄國人怎樣挑釁芬蘭獨立運動人士：

「帝俄沙皇時代，芬蘭獨立運動人士想用非暴力不合作運動來獨立建國。當時，派駐芬蘭的俄國總督尼古拉鮑伯利可夫將軍(General Nicholai I Bobrikov)，就安排一些專門挑釁的特務(俄國秘密警察僱用的)，故意製造暴力，反抗俄國人，或唆使芬蘭人民，使用暴力對付俄國人。他這樣的作法，就是要得到很好的藉口，以進行殘暴的鎮壓。」❷❺

非暴力行動者千方百計的去維持紀律，但對方派來的特務，卻處心積慮製造暴力事件，

他們的作法大概有如下數種：

　　㈠散播謠言，挑起雙方仇恨；

　　㈡向示威隊伍指揮挑戰他的權威；

　　㈢藉故爭辯，影響指揮系統；

　　㈣滲入決策圈內，誘導訴諸暴力的決策；

　　㈤在隊伍外圍，惹事生端，嫁禍於人。

　　面對這些特務的挑釁，只要行動中的參與者，對非暴力的原則與該項行動計劃了解得越清楚，愈不容易受到特務挑釁。當大家堅守非暴力，而某人卻喊打喊衝，這時，他的身分極易暴露出來，也就不易得逞。

　　在非暴力行動中，若有人唆使他人使用暴力，或自己製造暴力，那麼，他就是該項行動中的「破壞者」，因為他違背了大家共同信守的非暴力原則。

　　比方說，雙方對峙時，有人突然從我方隊伍中向鎮暴警察投擲汽油彈，那麼，他絕不能被當作英雄，更不是勇者。他是「破壞者」，因為他的作法正好提供了對方施加殘暴鎮壓的藉口，而且，他的暴力把我們原來的高貴訴求給

模糊掉了，使廣大的第三者不易站在我們這邊。

因此，當我們不再把暴力反抗者視為英雄，當作應鼓勵的對象，那麼，對方所派來的特務就越難發揮他破壞的功能，他也就越容易曝光，而降低了對方激起我們訴諸暴力的機會。

毀物不傷人，仍然是暴力

接下來我們要探討的問題，是一個經常被人混淆的問題。

有的人振振有詞的說：我砸爛警車，拆掉警察局招牌，但沒有傷到半個人，這也算是非暴力！

破壞對方財物，但不傷害對方半根毫毛，這不算是非暴力吧？

一九八〇年以來，歐美一些激進的婦女解放運動成員組織起來，以反對男性的暴力，並對那些誘使男性對女人施暴的淫書、春畫、錄

影帶等，加以暴力破壞。她們甚至縱火焚燒販賣這些色情刊物的商店，並強調，他們破壞的是東西，而不傷害任何人。❷⑥

她們的出發點或許是正義的，但實際上的行為卻是危害公共安全的縱火罪，很難保證過程中不會有人員傷亡。這種以對方的生命作冒險，無論名義上怎樣冠冕堂皇，也很難稱得上是非暴力的。

這種破壞財物的行為，嚴重的削弱了非暴力行動的力量。金夏普教授足足列了九點理由，說明了兩者不同的地方：

1.破壞對方財物，如炸毀橋樑、搗爛工廠設施等，可能會傷及對方與無辜民眾，甚至導致死亡，而非暴力是絕不施加任何肢體暴力，又積極的保護對方及無辜者的生命；

2.破壞對方財物時，萬一被發現了，可能被迫對那些告密者、警衛、士兵或普通過路人施加暴力，防止計劃失敗。但是，非暴力行動者自始至終都要嚴守非暴力；

3.破壞財物行動，必須暗中進行，執行者

往往心有恐懼，而對方也摸不清你的計劃，一旦他們遇到打擊，就可能施加殘暴鎮壓，但是，非暴力卻講求開誠佈公，無畏無懼；

4.破壞對方財物行動，一起動手的人相當有限，但是非暴力行動卻要求廣大的參與；

5.非暴力行動者深信自己所投入的行動是正義的，這種信心，對成功的幫助很大。反過來，破壞他人財物，則很難給自己一個合理化的信念。

6.非暴力是一羣人對另一羣人的挑戰，是人與人之間的關係。但是，你若破壞對方財物，你是以人挑戰對方的東西，這跟非暴力是以人對人的挑戰關係截然不同；

7.非暴力行動者，他著重的是使被壓迫者撤回對壓迫者的同意，而改變權力關係，但是，破壞財物的行動卻把目標擺在破壞東西，而打擊對方，兩者基本的出發點不同；

8.非暴力行動，是要爭取廣大的同情與支持；但是，破壞財物的行動，有意無意間，難免造成無辜的傷亡，而減少社會大衆的支持與

同情；

　9.採取破壞財物行動，常使對方的鎮壓師出有名，而對方若過度施暴，受害者也許不限於破壞財物的人，可能還包括一般無辜大眾。這種情形下的鎮壓，不一定會動搖對方的權力基礎；相反的，如果堅持非暴力的紀律，對方鎮壓愈厲害，引起的社會大眾的反彈愈嚴重，也愈能改變雙方的權力關係。**㉗**

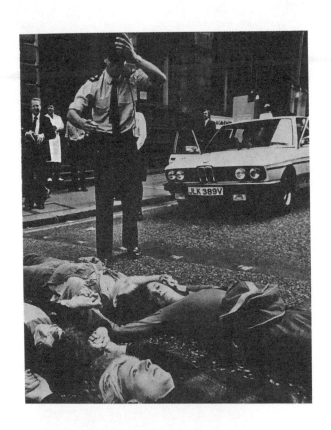

〔第五章〕

展現的力量

　　一般人誤以為，非暴力是軟弱無力的，只有挨打的份，其實，一旦你展現非暴力的力量時，這力量是非常堅強的，它甚至可以使統治者陷於癱瘓，動彈不得；

　　當對方的鎮壓愈殘暴，非暴力反彈的力量也就愈強大；暫時的挫敗，是累積下一次成功的基礎；

　　非暴力理論，並不是一套僵硬的敎條主義，它容許行動者，為了保存實力，而暫時撤退，或進行談判時，略作妥協；

當對方也非暴力來對付我們時，我們仍應堅守原先的計劃，繼續抗爭。

統治者的權力來源

　　爲什麼統治者握有政治權力？

　　據金夏普敎授指出，因爲統治者擁有下面六項來源：

　　一、權威：被統治者接受統治者的權威；

　　二、人力：願意臣服於統治者的人數之多寡，及人民團體願意與統治者合作的程度與範圍；

　　三、知識技術：被統治者提供知識給統治者的意願；

　　四、意識信念：被統治者的心理上、信念上、意識上、習慣上，對統治者服從的關係；

　　五、物力：被統治者提供統治者物力的多寡，如財貨、交通工具、自然資源等；

　　六、制裁：統治者手中所擁有的制裁工具的種類與強度，如軍隊、警察。❶

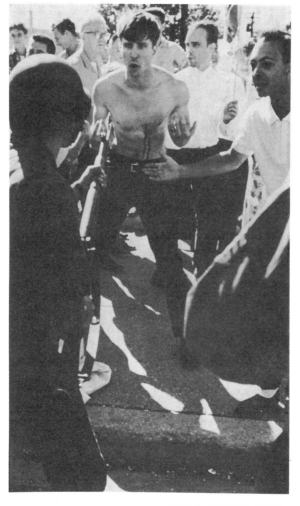

因此，針對上述六項來源，統治者若得到愈多被統治者的合作、支持、與服從，那麼，他就擁有愈多的政治權力；反過來，被統治者愈是不跟他合作、不去支持他、不服從於他，那麼，統治者的權力就愈小。

　　非暴力之所會產生力量，就在於它使人民精神武裝起來，向統治者提出要求。若統治者不答應要求，則撤回原來對統治者的合作、支持及服從，從而削減統治者的政治權力，改變了原有雙方的權力關係。

　　當我們說，非暴力是有力量的，它能使我們成功，這個「成功」的意思是，當非暴力行動展開後，對方會因你的抗爭行動而讓步。這種讓步的情形，依金夏普教授的分類，可分為四種：

　　一、**感化(Conversion)**：對方被你的抗爭行動感動，而作讓步；

　　二、**妥協(Accommodation)**：對方雖無動於衷，但因你抗爭議題不太重要，或他繼續頑抗下去，將來會輸得更慘，而不得不對你讓

步；

三、**強制(Coersion)**：對方不但無動於衷，還想蠻幹下去，但整個局勢他已無法控制下去，只好被迫讓步，接受失敗。

四、**瓦解(Disintegration)**：原有的統治體制完全崩潰瓦解，甚至連向人民承認失敗的組織都不存在了。❷

感化

在甘地眼裡，非暴力行動的目的，不但要解放被壓迫者，更要去解放那些壓迫者。因為那些人，其實也被自己的制度或政策綁手綁腳，才為害人民。因此，甘地強調，我們要感化敵人。

一九三〇年，甘地曾寫一封信給當時的印度總督，信裡說：

「我唯一的企圖，就是要透過非暴力，去感化英國人民，並讓他們睜開眼睛，看看他們對印度究竟做了些什麼壞事。」❸

此外，在另一封信，甘地又說：

「撒提阿格拉哈運動者的目標，不是要去強制壞人，而是要去感化他們。」❹

化敵為友，是何等崇高的境界，但實際上，又談何容易？

宗教衝突、種族暴動、兩派內戰⋯⋯等，能夠不訴諸暴力，而以「感化」來解決彼此間的紛爭嗎？

怎樣的情況下，非暴力行動者才能成功的感化對方？金夏普教授列出下面五項外在因素：

㈠**利害衝突的程度**。若非暴力行動者抗爭的議題，與對方的利害衝突愈小，愈容易感化對方；

㈡**社會差距**。若對方把非暴力行動者越看成自己的同胞，那麼，就越容易受到感化；

㈢**對方的人格結構**。若碰到對方是感情豐富的人，比較容易因非暴力行動者的受苦受難而態度改變，受到感化。

㈣**信仰規範**。若雙方有相同的，或較接近

的宗教信仰、行為規範，那麼，非暴力行動者就比較容易感化對方。

㈤**第三者的角色**。若對方很在意社會上其他廣大的第三者所持的態度如何，或廣大的第三者看到非暴力行為者遭到鎮壓的慘狀，反應激烈，那麼，對方就比較容易受到感化。❺

甘地雖然強調「**化敵為友**」的重要性，但當我們褪去了宗教的、道德的色彩，了解上面的分析，我們不得不承認一個事實：「感化壓迫你的人，的確不是一件很容易的事情。」

如果你想發動非暴力抗爭來感化對方，可是你們雙方的利害衝突太大；對方把你們當做「非我族類」看待；對方是虐待成性的暴君獨夫；彼此信仰規範，大不相同；而社會上廣大的第三者又漠不關心，這種情形下，你還期望「化敵為友」，這是不切實際的幻想。

你要做的應是，再向對方施加更大的壓力，以迫使對方不得不跟你「和解」，而不要自怨自嘆為何無法感化對方。

妥協

　　以非暴力行動來迫使對方跟你「妥協」，這裡「妥協」的意思，跟我們平日所說的，兩造幹架之後，握言言和的「和解」，意義不同。

　　它主要的意義是，雖然對方並沒被非暴力行動者感化，但衡量各種因素，還是決定作了讓步。

　　什麼情況下，才會使對方向非暴力行動者尋求妥協呢？依金夏普教授的分析，有下列五種情況：

　　㈠當對方覺得，使用暴力鎮壓，相當不妥，有違人道精神，不如乾脆讓步；

　　㈡當對方覺得，你們搞的非暴力抗爭，非常討厭，只要稍為讓步，就不會再來騷擾；

　　㈢當對方覺得，若再鎮壓下去，自己內部的反對聲浪會愈來愈高，甚至軍警內部有叛變的跡象，這時，趕快讓步，可化解內部危機；

　　㈣當對方覺得，若再任由非暴力行動者抗爭下去，如罷工、罷市等，將來經濟上的損

失非常慘重，不如現在就讓步，以減少損失；

　　㈤當對方覺得，情勢演變下去，對自己愈來愈不利，與其將來敗得灰頭土臉，顏面盡失，不如現在就讓步，還可撿回一點面子。❻

　　這種「妥協」下的讓步，跟「感化」後所作的讓步，兩者不同的地方是，後者是對方被感動了，而前者是對方並未受到感動，但礙於情勢，讓步是最好的選擇。

　　一般而言，以非暴力抗爭而迫使對方作「妥協」下的讓步，這種情形最為普遍。

強制

　　第三種情形是「強制」，也就是說，對方既不被你感化，也不願跟你和解，但情勢的發展使他不得不被迫讓步，答應你的要求。這時，非暴力所展現出來的，是非常強大的強制力。

　　如同詹姆士法瑪爾(James Farmer)所說的：

　　「我們必須讓人知道，非暴力不單單是『人

家打你右臉，你還伸去左臉給他們』這樣而已，在文明規範許可的範圍內，它還具有攻擊性。我們雖然無法使壞人改過向善，卻可以制止他繼續爲非作歹。」❼

人民與統治者間的權力關係，因「強制」而改變，與被迫「妥協」，兩者的情形不同。

「妥協」之下，統治者違反自己的意願而作讓步，但他還是行有餘力，對反抗者施加鎮壓；但在「強制」的情況下，他縱然心不甘情不願地對反抗者讓步，可是他已無能爲力鎮壓人民了。

「強制」之下的統治者，依然在位，統治體系，依然存在，但面臨強大的非暴力反抗運動，他除了低頭認輸，再沒有其他方法了。

一九〇五年，俄國爆發了十月大罷工。沙皇尼古拉二世(Tsar Nicholas II)面對這場工潮，他無法動用軍警去有效鎮壓，因爲整個政府幾乎被工潮搞得癱瘓了。最後，尼古拉二世不得不在十月十七日宣佈立憲宣言，承認都馬(Duma)國會的地位，以渡過這場重大危

機。❽

　許多人一直誤以為，搞革命一定要用流血暴力，才能迫使專制獨裁者下台，可是，當非暴力發揮「強制」的功效時，並不輸給槍砲坦克，尼克拉二世的讓步就是一個例子。

　什麼情況下，非暴力會產生「強制」的力量呢？

　依據金夏普教授的分析，下列三種情況下，就會產生：

　㈠非暴力抗爭行動擴散全國，統治者無法以鎮壓手段控制全局；

　㈡非暴力抗爭行動，已經到了若統治者再不低頭讓步，整個社會體制、政治體系、經濟體系，就要瀕於崩潰瓦解的地步了；

　㈢非暴力抗爭行動已使統治者的鎮壓能力逐漸喪失或完全失去(如軍隊不聽使喚，或甚至叛變)。❾

瓦解

非暴力不但能「強制」統治者低頭讓步，甚至可以導致統治者「瓦解」。

「強制」與「瓦解」兩者情形相同的地方是，統治者對非暴力行動者再也沒有鎮壓的能力了；而兩者不同之處是，前者，統治者還保有名位，還保有現存的體制，只是不能運作而已，但後者，卻是統治體系整個崩潰瓦解，非暴力行動者想找個談判的對象也沒有了。

一九一七年，俄國「二月革命」就是最典型的崩潰的例子。

雖然「二月革命」是一場暴力革命，但根據史實，我們可以發現在整個革命過程中，有相當多的非暴力抗爭行動助長了革命的力量。

一九一七年二月二十八日，彼得格勒工人發動一場將近二十五萬人的罷工遊行。成千上萬的工人走上街頭。遊行隊伍與軍隊相遇，工人們不斷向軍人喊話，希望他們加入遊行的行列。當時，身處其間的布爾什維克領袖們也知道，一旦暴力事件發生，軍方便可逮住機會，名正言順的大肆鎮壓，因此他們也想盡辦法，

維持非暴力紀律。

　　沙皇政府面臨洶湧工潮，竟下令軍隊向羣眾開火，企圖遏止事態擴大。不料，那支軍隊竟然拒絕服從這道命令。當局再派援軍，想取代原來的那支不聽使喚的軍隊，可是，先後被派來鎮壓的軍隊都向羣眾靠攏，而加入革命的行列。這一下子，彼得格勒軍區的指揮官卡巴洛夫將軍(General S. S. Khabalov)傻住了，他突然發覺，他雖名為指揮官，但他根本無法指揮調度軍隊去鎮壓革命工潮，更糟的是，他也不知道，若要投降，要向誰投降。

　　喪鐘響起，尼古拉二世不得不在三月二日的晚上，對國人正式宣佈退位，結束了沙皇君主專制統治。❿

　　由上面可知，不論是非暴力的「強制」力量，或非暴力的「瓦解」力量，都是十分強而有力的。

　　一九八九年，民主浪潮橫掃東歐。在東德、捷克、匈牙利、波蘭、保加利亞……等國，人民的非暴力革命力量「強制」了原有的共

產政權，逼迫他們談判，改變了原有的政治體系，甚至迫使他們「瓦解」，而重新建立起新的政治體系。

在這兒，我想把甘地在半個世紀以前所作的預言式宣告，再讓大家回味一下。甘地曾說：

「我相信，而且我想每一個人也必須承認，任何一個政府，如果得不到人民的合作，不管是心甘情願的合作也好，被迫的合作也好，這樣的政府，是不可能存在的。只要所有的人民突然的、全面的撤回他們對政府的合作，那麼，這個政府必然立刻陷於癱瘓。」⑪

一九八九年的東歐革命，驗證了甘地的先知灼見，也給了懷疑非暴力的人一個答案：非暴力不是軟弱無力的。

綜上所述，非暴力依其產生力量的大小，而改變了現狀，依序為下列四種方式：一、化敵為友；二、迫其妥協；三、強制就範；四、崩潰瓦解。

因此，我們認為，只要運動得當，非暴力

是有力量的。

承受鎮壓，必須付出代價

一個非暴力的行動者，在他展開行動之前，必須把對方的鎮壓視爲理所當然。有了這樣的心理建設，當對方突然向我們攻擊，我們也比較能夠維持非暴力的紀律，而承受對方的鎮壓。

非暴力行動者，他們並不怕鎮壓，有時，

他們最怕的是對方不來鎮壓，而無法透過承受苦難，來喚醒廣大的第三者。在他們的眼中，自由與權利不是從天而降的，想要的話，就必要付出代價。

統治者鎮壓人民，有那些方法？

金夏普教授大致區分為下面八類：

㈠**控制通訊與資訊**。例如，新聞檢查、查禁書刊、散播不實消息，切斷私人通訊、郵電檢查、竊聽等；

㈡**施加心理壓力**。例如，口頭恐嚇、散播謠言、揚言驅逐、懲一儆百、向反抗者的家人親友報復等；

㈢**沒收充公**。例如，沒收財物、資金、作品、錄音帶、信件、辦公室及相關設備等；

㈣**經濟制裁**。剝奪工作機會、禁止從事買賣、切斷水電、燃料、斷絕食物供給、個人罰款或集體罰款等；

㈤**禁令**。例如，宣佈反抗組織為非法、禁止集會、禁止自由行動、宵禁等；

㈥**逮捕下獄**。例如，用相關法律罪名加以

逮捕，或以莫須有的罪名、或不相關的交通違規事件，把領袖、代表、或談判者加以逮捕等；

㈦**特別的限制**。例如，另訂特別法規、限制某項反抗行動、停止人身保護、宣佈戒嚴或緊急狀態、動用軍隊、對內鎮壓、微罪重舉，如以叛亂罪、煽動罪將反抗者起訴、突然徵召入伍、放逐領袖、未經審判而加以監禁、集中營等；

㈧**直接的肢體暴力**。例如，刑求、唆使或默許無關的第三者毆打反抗者、用狗、馬、及鎮暴車直接對付示威者、用水龍、電棒驅散示威者、炸毀反抗者住宅、暗殺、公開或秘密的、個人的或集體的執行槍決等。❷

上述的鎮壓手法，琳琅滿目，不一而足。

假使人民採用暴力，而統治者那邊也採用暴力，這時，雙方的遊戲規則是一樣的，即以暴力來決定勝負，那麼，一邊是有組織、有武力的軍警，另一邊則是組織不嚴密、又沒有對方那麼精良的武裝，暴力場上較勁，人民的死

傷勢必重大。

但是，若是人民採取非暴力手段進行反抗，這就等於改變了雙方的遊戲規則，你要鎮暴，我願承受暴力；你要征服，我不願屈服，你要將我們逮捕入獄，我卻鼓舞更多的人前仆後繼。

暴力戰場上，武力的強弱決定勝負；非暴力戰場上，廣大第三者的支持與同情決定最後的勝負。

統治者的軍警面對暴力抵抗，往往能毫不留情的加以鎮壓，但面對非暴力的抵抗，常常會使軍警軟化，無法徹底執行上級的鎮壓命令，甚至臨陣倒戈，加入群眾的行列。

一九八九年秋天，在民主浪潮衝擊下，東德人民紛紛向西方逃亡，東德境內更是常有成千上萬的人民走上街頭，要求民主自由。當時，共黨領導人何內克(Erich Honecker)竟然下令武力鎮壓示威群眾。那時，前線的指揮官不願向群眾開槍，而公然違反何內克的命令。十月十八日，少壯派的共黨政治局委員終

於聯合起來，把何內克趕下台，剝奪了他共黨
最高領導人的地位。**⓭**

撤退與妥協

　　非暴力不是一套僵硬的教條主義，它雖鼓
勵承受苦難，卻不鼓勵飛蛾撲火；它雖強調無
畏無懼，勇往直前，卻不排斥跟對方談判，甚
至在次要的地方略作妥協。

　　軍事學家克勞塞維茲曾說過，打戰時，無

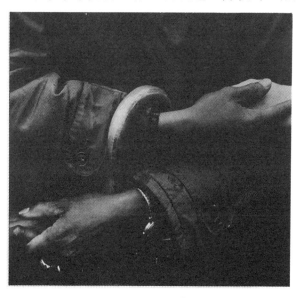

論如何，一定要留一條後退的路。他又強調，當你的部隊一部份正在進行苦戰，一定要保留另一部份後備力量，這樣才能向敵人繼續不斷的施加壓力。❹

可是，非暴力行動者不是要犧牲受苦，以喚醒廣大的第三者嗎？遇到鎮壓，就想撤退，豈不自相矛盾？

沒錯，非暴力行動者要犧牲受苦，但並不是要把所有的實力孤注一擲，也不是用僵硬的教條自綑手腳，而沒有靈活的戰略及戰術運用。

甘地說過：「當你有備而應戰時，承受鎮壓，才有益處。」❺他的意思是，非暴力行動者與參與者，受苦犧牲有一定的極限，超過了這個極限，依然不撤退，以保存實力，還死命的延長抗爭，這樣的抗爭，對運動本身並沒有好處。

甘地並不認為撤退是件丟臉的事情，反而認為，在適當的時機，暫時撤退，是睿智的決定，他說：

「睿智的將軍絕不會把自己弄到全軍潰敗的地步。如果有一個據點根本就守不住，他會選擇適當的時機，作有秩序的撤退。」⓰

兩國交戰，戰勝國也許耗盡了元氣，那種勝利，並不是真正的勝利。同樣的，一場非暴力抗爭中，統治者動用了龐大的軍警，使用了殘酷的鎮壓手段，抗爭者抓的抓、關的關、傷的傷、死的死，表面看來，統治者贏了，而抗爭者不支撤退，抗爭者輸了。但實際上，殘酷的鎮壓可能更增加抗爭者的意志，也引起廣大的第三者更多的同情與支持。眼前的挫敗，可能奠定了下次成功的基礎。

因此，非暴力抗爭的領導者不但要有智慧去判斷何時前進，何時後退，更要有勇氣下達撤退令，而承受內部對你「沒膽量」「放水」的批評。

撤退之後，並不是無事可做。非暴力行動者在挫敗之後，應利用這時加強內部的精神武裝，提高反抗精神，擴展既有組織，磨練非暴力技巧，強化非暴力紀律……等，使這次的挫

敗成爲下次成功的契機。

非暴力行動者必須有耐心，別幻想一舉成功，摧毀統治者，應該一步一步的前進，邁向成功。

有時，當我們進行非暴力示威，面對統治者強大的鎮壓時，爲了保存日後實力，我們可以運用談判來減少無謂的犧牲，而談判時，必不可免的，要作妥協，但是，妥協時，雖可以就不重要的事項稍作讓步，如示威的時間、地點、路線、方式……等，但不可就原則問題，如思想自由、反對獨裁體制、基本人權……等，喪失立場。

如果，反種族隔離制度的人願意妥協，承認自己是次等公民，搞獨立運動的人願意妥協，放棄獨立立場，像這樣原則性妥協，即使你想使用非暴力抗爭手段，我很難想像，這種非暴力究竟能發揮多少力量。

非暴力反對敎條，反對僵化，但它有基本原則，有抗爭的目標，也有基本的要求。如何守住原則，而保留彈性，這是領導者的一個考驗。

反非暴力

再者，我們來討論另一個問題，若是你要採取非暴力抗爭的行動，可是，對方以其人之道還治其人，來個「反非暴力」(Counter Non-violence)，那該怎麼辦？

也就是說，對方不對你鎮壓，反而也來個非暴力抗爭，這時，你該採取什麼對策呢？

先讓我們看看兩則有趣的故事。

一九三〇年，印度人民在甘地領導下，反抗食鹽專賣的「食鹽法」。有一天，甘地的信徒們準備前往「達拉撒納食鹽廠」(Dharasana Salt Depot)抗議。半途中，遭到警察攔阻。示威者見狀，就當街靜坐示威，那些警察看到他們坐下來，也面對他們坐下來，就這樣，雙方對峙數小時，最後，警察失去了耐性，不想跟他們窮耗下去，不得不動用暴力，將這批示威者驅散。❶

另外一個故事更有趣。那是發生在一九六六年，美國一座空軍基地，遭到兩百名示威者

的抗議。這些示威者中，很多是小孩子。軍方雖把他們擋在大門口，但跟示威者的領隊會商後，空軍官員竟然打開大門，主動邀請他們搭乘基地所提供的巴士，免費參觀這座空軍基地，而化解了他們的示威。❽

面對這種「反非暴力」，抗爭者不可被對方的笑臉攻勢迷惑，而亂了方寸，忘了自己是來幹什麼的。

如果我們非暴力，他們也非暴力，那麼，雙方就來一場毅力與體力的僵持戰，只要我們堅持得久，那麼對方耐心一失，就會暴力相向。

假使對方耐心夠，又施展笑臉攻勢，而實際上並不作實質的讓步，那麼，我們應該堅守原來的抗爭計劃，不輕易受到迷惑，而改變了原先的計劃，或放棄原先抗爭的訴求。除非對方真心願意讓步，否則，只要我們堅持下去，他們原先臉上所掛的笑容可能瞬間變成猙獰的面孔，然後一聲肅殺，棍棒齊飛。那時，「反非暴力」就會變成赤裸裸的暴力了。

〔第六章〕

非暴力的影響

非暴力的理論與實踐 □ 145

當抗爭的個人或團體採取非暴力行動改變現狀後，改變的結果有下列三點值得探討：

一、非暴力對抗爭者本身產生了一些效果；

二、非暴力改變了領袖的角色；

三、非暴力使權力重分配，更符合民主原則。

敢說，也敢站出來

非暴力不是清談的理論，而是一套實踐的行動哲學。

以前，你只是敢怒不敢言，更不敢站出來，走上街頭，抗議不義。

非暴力是積極的、主動的，它將使你掙脫無力感的束縛，採取直接的行動，要求改變現狀。

這種心理狀態的轉變，下面這段話描述的相當生動：

「你不要光說，『我有權坐在這兒』，而應

該實踐這項真理——你就去坐下來；

　　你不要光是抱怨，『我們都是這家店的顧客，可是我們的人根本沒有機會在這兒找到工作，這是太不應該了』，而應該抵制他們，拒絕進去買東西；

　　你不要光是批評，『我不要戰爭』，而應該拒絕穿上軍裝；

　　你不要光是說，『軍隊所使用的燃燒彈實在太可怕了』，而應該拒絕向政府繳稅，以表示你不願把公家的錢花在這種可怕的武器上。」❶

　　非暴力就是要把你私下的抱怨、批評與憤怒化作公開的抗爭行動，以改變那應該改變的現狀。

組織人民，分享權力

　　非暴力還有一個效果，那就是它改變了一項傳統的價值觀念：「期盼英雄豪傑，帶領我們，脫離苦海。」

非暴力行動者，他們要組織人民，挑戰當權者。他們並不是要創造神話英雄，叫人民跟著英雄的腳步前進，他們的眼中，人民是主體，唯有人民從舊體制得到解放，人民在抗爭過程中學會了如何行使自己的權力，那麼，抗爭過後，或革命之後，人民才有能力去控制政府，也就是人民得以分享權力，這就是民主的精神。

塞佛林布魯恩(Severyn T. Bruyn)說：

「你要去衡量非暴力行動中所展現出來的力量大小，並不是看行動者對人民增加了多少權威，而是看每一個獨立的個人增加了多少權力。我們的目的，並不是使某一個人對其他的人高高在上，而是要創造一個環境，人人得以分享權力。」❷

採用非暴力手段抗爭的人，往往會產生一個心理效果，那就是建立起自己的信心。

人民害怕統治者，是因為人民沒有信心，他們沒有槍砲彈藥對付對方的武裝部隊，沒有有效方法對付情治系統的精密科技。人民愈是

沒有信心，統治者愈是能有效的控制人民。

但是，非暴力理論鼓勵人民公開反抗，不怕秘密警察；鼓勵人民自我犧牲，喚醒廣大第三者。

人民在靜坐示威、抗議遊行、經濟抵制，以及各種不同的反抗與不合作方式，建立起自己的信心。原來，我們不須要靠武力或任何暴力，就可以使對方讓步，甚至完全癱瘓對方。

降低犯罪率

非暴力的基本精神是愛，也就是對生命的尊重。這種精神，對社會上犯罪比率的降低也有所幫助。

一九五五年十二月五日，美國黑人領袖金恩領導阿拉巴馬州蒙哥馬利市將近五萬名黑人，進行為期一年的「抵制公車」行動，以抗議白人政府黑白分離的公車政策。

這是一場長期的非暴力戰爭，他們不但要對抗白人的壓迫，還要運用各種車輛，拼拼湊

湊，組成一套黑人的交通運輸網。一九五六年十一月十三日，美國聯邦最高法院終於講話了，宣佈所有各州各地方的種族隔離法律都是違憲的。十二月二十一日，蒙歌馬利市的公車終於廢止了黑白種族隔離的政策了。

依據金恩的觀察，在公車抵制行動的末期，黑人社區裡的酗酒、犯罪、離婚、或週末鬥毆等行為，其發生比率降低了。❸

拿特享托夫(Nat Hentoff)所作的研究中，也是這樣的報告：

「說來也蠻有意思的，最近幾年來，我們不斷的發現，每當一個黑人社區，有大部分的黑人都投身反種族隔離的運動時，該社區的犯罪率就下降，而且，只要這樣的羣眾運動持續下去，犯罪率就不會大幅上昇。」❹

一種生活方式

非暴力不但是人民對付不義統治者可以使用的有效「武器」，非暴力也是一種符合民主原

則的生活方式。

　　如果在一個社會，個人與個人之間也好，團體與團體之間也好，民族與民族之間也好，種族與種族之間也好，國家與國家之間也好，都習慣於使用非暴力，來解決彼此間的糾紛，那麼，一定可以減少這個社會的暴力衝突或血腥戰爭。

　　非暴力是用說服、感化、撤回合作、尋求友誼與諒解……等方式，來使對方答應我們的要求，或雙方達成妥協，以改變現狀。如果一個社會的政治文化是非暴力的，那麼，這種社會的雙方，一定比暴力瀰漫的社會來得和諧，更符合民主原則。

　　在金恩眼中，非暴力不是遙不可及的理想境界，而應該是一種生活方式。他說：

　　「無可否認的，非暴力真正的含意，並不是一種策略，只是把它拿來當作權宜的手段而已；非暴力絕對是一種生活方式，在這種方式下，人們生活的言行，都依照內心道德的要求去做。可是，即使有人把非暴力當作一種權宜

手段，那也無妨，至少，他樂於採用非暴力的策略，也算踏出了第一步。因爲，只要他現在這麼做，將來他就非常有可能把非暴力當作一種生活方式了。」❺

領袖角色的改變

非暴力改變了傳統的領袖角色。

提到了領袖，我們就想到受衆人愛戴的英雄傑豪，他們是不可以輕易犧牲的。但是，非暴力行動中的領袖，卻是以自我犧牲、自我受苦作爲通往自由解放的道路。

非暴力組織的領袖，與暴力組織的領袖，有個很大的差別，就是，後者常爲了安全顧慮，必須站在後面作指揮調度，本身不輕言犧牲；而前者以非暴力的自我犧牲爲原則，無論被毆、遭捕、下獄、或被殺，領袖往往以身作則，樹立非暴力的典範，來爭取廣大人民的支持與同情。

一九六一年九月十七日，英國哲學家羅素

領導的「非暴力直接行動」組織(Nonviolent Direct Action)，在倫敦國會廣場前舉行反核示威。英國當局嚴加警告，但羅素等人照原訂計劃實施。警方最後被迫將羅素等五十名左右的知名領導人物全都逮捕。八九高齡的羅素被逮捕下獄，關了一個月。這個消息，成了第二天國內外的報紙的重要新聞。❻

非暴力組織的領袖，並不是運動中絕對不可或缺的人物。在第一線的領袖階層後面，還有許多訓練有素的幹部會按照原訂的計劃繼續推動，而不會因第一線領袖被除去之後，就偃旗息鼓，或作鳥獸散。

甘地在一九三〇年代推動獨立運動時，他們事先排訂的「候補領袖羣」，即第二梯次、第三梯次……甚至排到第三十梯次。也就是說，當第一梯次排訂好整個戰略、戰術計劃後，他們就可義無反顧的走上第一線。

候補領袖羣可以由第一線領袖羣事先協調排訂，也可能在統治者人肆逮捕之下，領袖羣悉數被抓走了，而由剩餘的成員自動推選產

生。

　由這裡，我們知道非暴力領袖之所以有戰鬥力，不是靠一兩位「英明偉大」的領袖，而是靠一批平日訓練有素的幹部，隨時準備遞補前面的領袖羣，繼續戰鬥。

　一九三〇～三一年期間，印度獨立運動風起雲湧。當時，國大黨領袖尼赫魯被捕，判刑六個月，國大黨其餘領袖則在牢外發動全面性的罷工罷市。

　尼赫魯從牢裡傳話出來：

　「保持微笑，繼續戰鬥，完成我們的任務。」❼

　一九三〇年五月四日，甘地發動運動反抗食鹽法，英國當局除了逮捕甘地之外，更陸陸續續把國大黨領袖階層的「國會工作委員會」(Congress Working Committee) 成員抓的抓、關的關，使工作委員會被迫停止運作，但是全國各地的反抗運動及不合作運動，依然持續不斷。❽

　非暴力組織的領袖，他們與組織內部的成

員關係如何？他們與人民間的關係如何，拿來跟暴力組織的領袖相比，又有什麼基本的差異？

在這兒，我們用幾項因素來比較暴力組織的領袖與非暴力組織的領袖，兩者不同之處：

㈠**對內制裁手段**。前者傾向於毆打、刑求、逮捕、監禁、槍斃……等暴力手段；後者則運用說服、辭職、絕食、苦行……等非暴力手段，來改變反對者的意見。

㈡**人民參與**。前者決策過程封閉，不能有公開辯論、公開參與決策；後者決策過程較公開，人民參與程度較高。

㈢**領袖地位的維持**。前者享有高高在上的權威與維持地位的暴力工具，人民不易控制，也不易將他趕下台；後者的權威則來自人民的同意，若人民不同意，領袖的地位立即喪失，因此，人民較易控制。

㈣**權力分配**。前者在革命成功後，為了鞏固政權，常以暴力維持政權，導致權力集中，形成革命後新的獨裁者；後者在革命成功後，

因人民的奮鬥過程已習於分享決策，使得革命後，權力分散，所建立的新秩序較符合民主精神。

甘地退出國大黨

這些，聽起來像蠻有道理的，但實際上如何？

別人不談，我們就拿甘地來說吧。

一九三〇年代，印度獨立運動在甘地這位衣不蔽體、瘦瘦乾乾的「托缽僧」領導之下，風起雲湧，對英國造成很大的壓力。甘地本人以其過人的毅力、組織能力與非暴力思想，成為民族解放運動的唯一代言人，國大黨至高無上的領袖。

但是，因甘地本人對「賤民」、非暴力、印度自治，常堅持己意，引起其他的領導同志不滿。❾

甘地一生，總計絕食十七次，入獄十五次。他往往透過這種自我受苦，來貫徹自己的

意志。這種作法，導致他在國大黨的權力膨脹到「一言九鼎」的地位，這樣，也使部分同志批評他獨裁。

暴力組織的革命領袖此時可能運用暴力來解決內部的反對聲浪；但甘地所建立的政治文化，則注定了他必須鞠躬下台的命運。

甘地自我衡量之後，終於在一九三四年九四日、九月十七日，兩度發表聲明，說要退出國大黨。十月二十六日，國大黨全印大會在孟買召開。甘地所提的修正案又遭受重大挫敗。最後，他不得不在十月二十八正式向大會提出要求，退出國大黨。

甘地在一封給友人的信中，表露了他退黨的決心與無奈。

「我已經下定了決心，要離開國大黨了。我確認，我這樣做，對國大黨，或對我個人，都有好處。我將不再是國大黨的核心人物了，但是，只要情勢需要的話，我會隨時隨地，向國大黨提供我個人的意見。」❿

任何政治組織都免不了權力鬥爭。暴力組

織內部的權力鬥爭，可能免不了以暴力手段整肅異己的悲劇，但是，非暴力組織的權力鬥爭，仍須透過非暴力的方式來解決權力分配問題。甘地面對黨內反對聲浪，他手中沒有格別烏或黑衫軍，他企圖說服自己的同志，但他失敗了，他只好選擇退黨的方式，來解決黨內的權力鬥爭危機。

如果他是列寧，或是希特勒，他會這樣下台嗎？

以暴力手段推翻舊政權，常常也要以暴力手段來維持新政權。

革命成功後，新的統治者也許比舊統治者來的更民主，更尊重人權。像兩百年前，美國的開國元勳打了一場戰爭，建立了一個民主國家。但是歷史上，暴力革命的後果並不是這樣幸運的。

勞勃西萊在他的《非暴力手冊》中，說明了暴力革命的後果：

「在這二十世紀，我們不斷的看到，有許多暴力革命，打著人民的旗號，但革命成功

後，人民卻得不到什麼自由與正義。波布(Pol Pot)用暴力推翻了高棉政府，他所建立的政權，令人毛骨悚然，因為他屠殺了將近百萬自己的同胞。古巴革命成功之後，人民雖得到了更多的經濟正義，卻喪失了政治自由。俄國的布爾什維克革命，情形最糟，革命之後，爆發了一場血腥內戰，再來就是史達林統治的恐怖時代，而布爾什維克所建立的現代蘇聯體制，卻是一個沒有經濟正義的獨裁體制。」⓫

暴力革命，很難還政於民

打著人民旗幟革命，革命成功後，應給予人民真正的權力。但是，暴力革命後建立的政權，在革命之前，權力掌握於革命團體的領導階層，而革命的過程中，人民又無法實際的參與決策權，無法有效的控制領導階層，那麼，我們很難期盼，這樣的革命團體成功後，真的會還政於民。

暴力革命成功後的政權，將來維持這個政

權，往往也是靠著暴力，來對付外來的敵人或內部的反對者。

在這樣的環境，統治者與人民認為暴力就是解決紛爭的唯一手段。同時，科技愈是文明，統治者這一方擁有現代化的槍砲彈藥、現代的通訊、精良的警察裝備、交通運輸、電腦檔案……等，如同喬治歐威爾筆下的《一九八四》，老大哥控制了人民一切的生活。另一方面，人民與統治者相較，手中所握有的資源有限，在暴力競技場上，人民往往處於劣勢，人

民無法有效的控制統治者，這種結果，也否定了革命所追求的民主自由的崇高目標。⓬

非暴力運動的組織型態，是由下而上的結構：

領袖的產生，是由下而上的產生；領袖的地位，不是永遠不變的，他的地位，隨時可以被人民撤回；領袖的權力，不得獨攬，而是分散在各級組織，而這些組織，成員得分享決策權。

也許，有的人會反問：面對強大的獨裁者，如果沒有強有力的領袖，如何將對方推翻呢？

沒錯，非暴力行動中，堅強的領導者可以領導長期的抗爭。可是，領導階層的功能是在擬訂計劃，設定策略，發動抗爭。而且，非暴力組織的特質是，領導階層的人必須以身做則，喚醒民眾，因為他們在第一波行動，就被對方逮捕下獄，若要抗爭繼續下去，第二波領導階層，第三波領導階層……都要事先規劃，準備披掛上陣。

非暴力行動不因領導遭到打擊就鳴金收兵，它靠的是非暴力行動者不斷的遞補上去，繼續抗爭。

　　非暴力行動者不把領袖看作「時代的舵手」或「永恆的太陽」。他們最重要的目的是，組織人民透過非暴力抗爭，學習如何爭取自己的權力，而改變社會上不義的法律制度。

　　改朝換代，走了一個獨裁者，又來一個獨裁者，人民依舊是無力的人民，這不是真正的人民革命。

被偷竊了的革命

　　一九八九年，東歐民主浪潮中，東德、波蘭、匈牙利、捷克等國，人民發動大規模的非暴力示威遊行，推翻了四十年的共產政權，但是不幸的，唯獨羅馬尼亞是在血腥的暴力革命之下轉移政權。

　　讓我們來檢討一下，這場暴力革命的結果是什麼？

一九八九年，十二月中旬，羅共當局下令秘密警察前往川斯爾瓦尼亞市(Trans-sylvanian City)的一座教堂，逮捕一位匈牙利的牧師圖克斯(Laszlo Tokes)。聞訊趕來的支持者圍成一道人牆，保護圖克斯。警察突破人牆，闖進教堂，把圖克斯拖走。

第二天晚上，工人、學生及圖克斯的會友們走上街頭，抗議警方的逮捕行為。羅共當局見事態擴大，立刻派遣軍隊前來鎮壓，轟隆轟隆的坦克車開進了廣場。當時，東歐各國正是民主浪潮風起雲湧的時候，各國共黨當局皆小心行事，不敢對人民動武。不料，羅馬尼亞的西奧塞古政權，竟然下令軍隊對自己的同胞開火。

血腥事件傳開來，舉國沸騰，各地人民群起走向街頭，要求西奧塞古下台。軍方眼看大勢已去，便倒戈轉向，支持革命團體的「民族自救陣線」，聯合要推翻西奧塞古。這時，忠於西奧塞古的安全部隊跟革命陣營打起內戰。十二月二十二日，西奧塞古與其太太艾蓮娜

(Elena Ceausescu)於逃亡途中遭到逮捕。

「民族自救陣線」為了早日結束內戰，就在十二月二十五日聖誕節當天，歷經短短的兩小時審判，就把西奧塞古夫婦兩人槍決。羅馬尼亞人民看到電視上的新聞，一代獨夫終遭正法。這一場東歐最為獨特的暴力血腥革命結束了，「民族自救陣線」迅速的接掌政權，他們所組的政府普受國際間承認。⓭

革命是成功了，但人民卻失望了。為什麼呢？

「民族自救陣線」是在局勢動盪之下，由軍方支持的革命團體，其內部有些領導人則是西奧塞古當權時失勢的共黨高幹。再者，一場血腥的內戰中，人民反成了配角，無法實際在革命的過程中掌握了真正的權力。革命之後，「民族自救陣線」的改革幅度，讓人民大大失望。

這也難怪，一位在一所綜合科技學院的學生報紙擔任編輯的佛拉艾納斯(Vlad Enas)感慨說道：

「民族自救陣線偷了我們革命的成果。在這一齣別人編導的戲裡，我們只是演員而已。」⓮

　　權力真空時，槍桿子出政權。這種暴力手段取得的政權，在革命過程中，人民無法分享真正的決策權，人民也沒有鍛鍊到如何掌握權力，控制未來的政權。也許，新的政權比西奧塞古獨裁政權好多了，但是，拿來跟同時代東歐各國的非暴力革命相比，羅馬尼亞版的革命，是一張不幸的骨牌。

　　一位民族自救陣線的領袖亞迪恩・達卡列斯古(Adrian Dascalescu)面對上述批評，這樣辯駁道：

「你不能光靠那些詩人、學生來統治一個國家啊。要是你有一部車子，你怎麼能夠交給那些不會開車的人去開呢？」⓯

　　非暴力革命，就是人民在革命的過程中，學習行使自己的權力，以改變現狀，而後他們才有能力控制新政權。人民不應期待英雄豪傑來拯救他們，而是他們自己來拯救自己。革命

前，人民學會開車，革命後，人民自己開車，這才是民主。

　　暴力革命，也可以帶來勝利，但這種勝利，卻留下仇恨的種子。而非暴力革命帶來的勝利，因加諸於對方的手段是非暴力的，仇恨與報復的程度較低，雙方的敵意較小，這種勝利，比較能夠持久，這才算是真正的勝利。

什麼是非暴力行動

　　非暴力行動是數以百計的抗議、不合作及干預方法的通稱。行動者用這些方法從事抗爭，他們不使用暴力進行或拒絕進行某些事務作為一項技術，非暴力行動不是被動的，它更不是「無為」，而是不使用暴力的「行動」。

　　非暴力行動適用的爭端不一而足，它可能是政治性的。這包括政治團體之間的對抗、擁護或反對某個政權，甚至於國際間的爭執(譬如禁運或抵抗佔領)。爭端也可能是經濟性的、社會性的或宗教性的。爭端的範圍和層次

也有不同，它可能只限於鄰里、城市或社會中的某一部份，也可能涵蓋全國，在少數情況下，兩國或多國政府都會涉及。然而，不論爭端是什麼，衝突的層次有多高，非暴力行動是人們拒絕被動、屈服，認為必須抗爭，而不用暴力從事抗爭的一種技術。

〔附錄二〕

什麼不是非暴力行動

　　非暴力行動和被動、屈服及懦弱沒有關聯，這些都需要加以排斥和克服。

　　非暴力行動並不等同於言詞上或心理上的說服，雖然非暴力行動能導致改變心態的心理壓力。非暴力行動是牽涉到使用社會、經濟及政治力量的一種抵制行動和技術。它是爭執中的對比力量。

　　非暴力行動並不依靠「人性本善」的說法，它認識到人性的善、惡的兩種可能，這包括了極度的殘酷和不人道。

使用非暴力行動的人不必然是和平主義者或聖人。向來成功使用非暴力行動的人，絕大多數是一般人。

非暴力行動的成功，不必然需要兩個對抗羣體具有共同的標準和原則；不需要有高度的共同利益或心理上的密切關聯。雖然這些條件對非暴力行動的成功有所助益。這是因為當促成自動改善的方法失敗時，強制性的非暴力方法可派上用場。

非暴力行動是東方的，也是西方的現象。事實上，從罷工和杯葛在勞工運動中被廣泛運用，及被征服國家所採取的不合作抗爭，我們可以看出，非暴力行動具有更多的西方色彩。

非暴力行動並不假定對方會克制使用暴力來對付非暴力的行動者，這項技術是在必要時用來對付暴力的。

非暴力行動不限於民主制度中的內部衝突。它被廣泛運用於抵抗獨裁政權、外國佔領及極權政體。

非暴力行動取得勝利，不一定比使用暴力

費時，在很多情形下，非暴力能在短期間內達成目標，獲勝所需的時間由很多因素決定，主要是看非暴力行動者的堅強度。

註解

〔第一章〕

❶Judith M. Brown, *GANDHI: PRISONER OF HOPE,* p.385

❷Ibid., p.387

❸Robert Seeley, *THE HANDBOOK OF NON-VIOLENCE,* Westport CT: Lawrence Hill, 1986, p.243

❹Gene Sharp, *GANDHI AS A POLITICAL STRATEGIST,* p.12

❺See Robert Seeley, *THE HANDBOOK OF NONVIOLENCE,* p.207

❻See Ibid., p.206

❼Ibid., p.243

❽See Ibid., p.167

❾Gene Sharp, in Bruyn & Rayman (ed), *NON-VIOLENT ACTION AND SOCIAL CHA-*

NGE, p.246

❿See Gene Sharp, *GANDHI AS A POLITICAL STRATEGIST,* p.16

⓫Adolf Hitler, in Gene Sharp, Ibid., p.149

⓬Gene Sharp, *GANDHI AS A POLITICAL STRATEGIST,* p.16

⓭Mahatma Gandhi, in Leroy H. Delton, *THE PSYCHOLOGY OF NONVIOLENCE,* p.1

⓮Leroy H. Delton, *THE PSYCHOLOGY OF NONVIOLENCE,* p.1

〔第二章〕

❶Henry David Thoreau, in Robert Seeley, *THE HANDBOOK OF NONVIOLENCE,* p.142

❷Robert Seeley, *THE HANDBOOK OF NON-VIOLENCE,* p.142

❸Leo Tolstoy, in A.N. Wilson (ed.), *THE LION AND THE HONEYCOMB——THE RELIGI-OUS WRITTINGS OF TOLSTOY,* pp.35—36

❹Leo Tolstoy, in A.N. Wilson (ed.), Ibid., p.90

❺Leo Tolstoy, in A.N. Wilson (ed.), Ibid., p.34

❻Leo Tolstoy, in A.N. Wilson (ed.), Ibid., p.89

❼Grandhi, in Raghavan Iyer (ed.), *THE MOR-AL AND POLITICAL WRITTINGS OF MA-HATMA GANDHI, CIVILIZATION, POLI-TICS, AND RELIGION,* p.111

❽Gandhi, in John Hick & Lamont C. Hempel (ed.), *GANDHI'S SIGNIFICANCE FOR TO-DAY,* p.26

❾Gandhi, in Thomas Merton(ed), *GANDHI ON NONVIOLENCE,* p.30

❿Gandhi, in Gene Sharp, *GANDHI AS A PO-LITICAL STRATEGIST,* p.137

⓫Gandhi, in Gene sharp, Ibid., p.137

⓬Gandhi, in Gene sharp, Ibid., p.135

⓭Gandhi, in Gene sharp, Ibid., p.135

⓮Gandhi, in Gene sharp, Ibid., p.136

⓯Gandhi, in Thomas Merten (ed.), *GANDHI ON NONVIOLENCE,* p.49

⓰Gandhi, YOUNG INDIA, 1921, in John Hick & Lamont C. Hempel(ed.), *GANDHI'S SIG-NIFICANCE FOR TODAY,* p.238

⓱Gandhi, in Gene Sharp, *GANDHI AS A PO-*

LITICAL STRATEGIST, p.155

⓲Gandhi, in Gene sharp, Ibid., p.156

⓳Gandhi, in Thomas Merten (ed.), *GANDHI ON NONVIOLENCE,* p.44

〔第三章〕

❶Martin Luther King, in Coretta Scott King (selected) *THE WORDS OF MARTIN LU-THER KING, JR.,* p.90

❷Soloman & Fishman, in Gene Sharp, *THE PO-LITICS OF NONVIOLENT ACTION,* p.789

❸Gandhi, in Gene Sharp, Ibid., p.500

❹Martin Luther King, in Coretta Scott King (selected) *THE WORDS OF MARTIN LU-THER KING, JR.,* p.83

❺Mortin Luther King, *LETTER FROM BIRMI-NGHAM JAIL, from WHY WE CAN'T WAIT,* p.80

❻Shridharani, in Leroy H. Delton, *THE PSYC-HOLOGY OF NONVIOLENCE,* p.165

❼Tom Wilson, *ULSTER CONFLICT AND*

CONSENT, p.188

❽Feminism and Nonviolence Study Group, *PIE-CING IT TOGETHER: FEMINISM & NON-VIOLENCE,* p.27

❾Gene Sharp, *THE POLITICS OF NONVIO-LENT ACTION,* pp.482–483

❿Gandhi, Quoted in Bose, *STUDIES IN GANDHISM,* p.146, in Gene Sharp, Ibid., p.490

⓫Gandhi, Gene Sharp, THE POLITICS OF NONVIOLENT ACTION, p.490

⓬Gene Sharp, Ibid., p.483

⓭See Jawaharlal Nehru, in Gene Sharp, Ibid., p.783

⓮Jawaharlal Nehru, in Gene Sharp, Ibid., p.783

⓯Ibid., p.783

⓰Jerome D. Frank, in Gene Sharp, *THE POLI-TICS OF NONVIOLENT ACTION,* p.790

⓱Gandhi, in Gene Sharp, Ibid., p.457

〔第四章〕

❶Martin Luther King, in Gene Sharp, *THE PO-LITICS OF NONVIOLENT ACTION,* p.472

❷Gene Sharp, Ibid., p.497

❸Bertrand Russell, in James Hinton, *PROTESTS AND VISIONS–PEACE POLITICS IN TWENTIETH CENTURY BRITAIN,* p.167

❹Richard B. Gregg, *THE POWER OF NONVIOLENCE,* p.143

❺Feminism and Nonviolence Study Group, *PIECING IT TOGETHER: FEMINISM & NONVIOLENCE,* p.30

❻Richard B. Gregg, *THE POWER OF NONVIOLENCE,* pp.152—153

❼Gandhi, in Gene Sharp, *THE POLITICS OF NONVIOLENT ACTION,* p.513

❽Gandhi, in Gene Sharp, Ibid., p.513

❾Gandhi, in Gene Sharp, Ibid., p.513

❿Leo Kuper, *PASSIVE RESISTANCE IN SOUTH AFRICA,* p.243, in Gene Sharp, Ibid., 512

⓫Leo Kuper, in Gene Sharp, Ibid., p.514

⓬Napoleon Bonaparte, see Richard B. Gregg,

THE POWER OF NONVIOLENCE, p.68

⓭Gandhi, in Gene Sharp, *THE POLITICS OF NONVIOLENT ACTION,* p.616

⓮Adam Roberts, *BUDDISM AND POLITICS IN SOUTH VIETNAM,* in Gene Sharp, Ibid., p.628

⓯See Gene Sharp, Ibid., p.630

⓰See Gene Sharp, Ibid., p.635

⓱See Ibid.

⓲See Gene Sharp, Ibid., p.619

⓳See Ibid.

⓴See Coretla Scott King (selected) *THE WORDS OF MARTIN LUTHER KING,* JR., p.74

㉑See Gene Sharp, *THE POLITICS OF NONVI-OLENT ACTION,* p.631

㉒Richard B. Gregg, *THE POWER OF NONVI-OLENCE,* p.69

㉓Gandhi, in Gene Sharp, *THE POLITICS OF NONVIOLENT ACTION,* p.622

㉔Gandhi, in Gene Sharp, Ibid., p.594

㉕William Robert Miller, *NONVIOLENCE: A CHRISTIAN INTERPRETATION,* in Gene

Sharp, *THE POLITICS OF NONVIOLENT ACTION,* p.593

㉖Feminism and Nonviolence Study Group, *PIECING IT TOGETHER: FEMINISM & NONVIOLENCE,* p.42

㉗See Gene Sharp, *THE POLITICS OF NONVIOLENT ACTION,* pp.609–610

〔第五章〕

❶See Gene Sharp, *THE POLITICS OF NONVIOLENT ACTION,* pp.11–12

❷See Ibid., p.706

❸Gandhi, in Gene Sharp, Ibid., p.707

❹Gandhi, in Ibid., p.707

❺Gene Sharp, Ibid., p.727

❻See Ibid., pp.734–740

❼James Farmer, *FREEDOM——WHEN?,* in Gene Sharp, Ibid., p.741

❽Gene Sharp, *CIVILIAN——BASED DEFENSE ——A POST-MILITARY WEAPONS SYSTEM,* p.63

❾Gene Sharp, *THE POLITICS OF NONVIO-LENT ACTION,* p.741

❿See Gene Sharp, Ibid., pp.743–744 ‧ Gene Sharp, *CIVILIAN—BASED DEFENSE——A POST—MILITARY WEAPONS SYSTEM,* p. 64

⓫Gandhi, in Gene Sharp, *THE POLITICS OF NONVIOLENT ACTION,* p.747

⓬See Gene Sharp, Ibid., pp.538–539

⓭See William Echikson, *FIGHTING THE NIGHT——REVOLUTION IN EASTERN EUROPE,* p.71

⓮Carl Von Clausewitz, in Gene Sharp, *THE PO-LITICS OF NONVIOLENT ACTION,* p.759

⓯Gandhi, in Gene Sharp, Ibid., p.759

⓰Gandhi, in Gene Sharp, Ibid., p.759

⓱See Gene Sharp, Ibid., p.693

⓲See Ibid.

〔第六章〕

❶DEMING (1968), Leory H. Delton, *THE PSYC-*

HOLOGY OF NONVIOLENCE, p.151

❷Severyn T. Bruyn, in *NONVIOLENT AC-TION AND SOCIAL CHANGE,* p.21

❸See Martin Luther King, *STRIDE TOWARD FREEDOM,* pp.177–178, in Gene Sharp, *THE POLITICS OF NONVIOLENT ACTION,* p. 791

❹Nat Hentoff, *THE NEW EQUALITY,* in Gene Sharp, p.791

❺Martin Luther King, in Coretta Scott King (selected) *THE WORDS OF MARTIN LU-THER KING,* JR., p.79

❻See Richard Taylor & Nigel Young (ed.), *CAMPAINGS FOR PEACE: BRITISH PEACE-MOVEMENTS IN THE TWENTIETH CEN-TURY,* p.137

❼Jawaharlal Nehru, in Gene Sharp, *THE POLI-TICS OF NONVIOLENT ACTION,* p.638

❽See Gene Sharp, Ibid., p.638

❾See Judith M. Brown, *GANDHI: PRISONER OF HOPE,* New Haven and London: Yale Univ. Press, 1989, p.275

❿Gandhi, in Ibid., p.275

⓫Robert Seeley, *THE HANDBOOK OF NON-VIOLENCE,* p.303

⓬See Gene Sharp, *THE POLITICS OF NONVI-OLENT ACTION,* p.802

⓭William Echikson, *LIGHTING THE NIGHT——REVOLUTION IN EASTERN EUROPE,* p. 27 & p.82

⓮Vlad Enas, in William Echikson, Ibid., p.51

⓯Adrian Dascalescu, in William Echikson, Ibid., p.51

國家圖書館出版品預行編目資料

非暴力的理論與實踐／江蓋世著.
　－－初版. 台北市：前衛，2001〔民90〕
　200面；12.5×19公分

　ISBN 957-801-280-2(平裝)

　1.衝突(社會學) 2.社會運動 3.政治運動

541.625　　　　　　　　　　　　　90000675

非暴力的理論與實踐

著　者／江蓋世

照片提供／江蓋世、謝三泰

 企劃

台灣國家和平研究協會

地址：台北市建民路162巷4號3樓

電話：02-23957022　傳眞：02-23588010

e-mail：tramps@ms35.hinet.net

 出版者

前衛出版社

地址：106台北市信義路二段34號6樓

電話：02-23560301　傳眞：02-23964553

郵撥：05625551　前衛出版社

E-mail：a4791@ms15.hinet.net

Internet：http://www.avanguard.com.tw

法律顧問／汪紹銘律師・林峰正律師

 總代理

紅螞蟻圖書有限公司

地址：台北市內湖舊宗路2段121巷28.32號4樓

電話：02-27953656　傳眞：02-27954100

出版日期／2001年7月初版第一刷

Copyright © 2001　Avanguard Publishing Company
Printed in Taiwan　　　　　　ISBN 957-801-280-2

定價／180元